돈이 자유다

일러두기

※ 본문에 인용된 통계 자료는 통계청, 한국은행, 국토교통부, 금융감독원 등 각 기관의 공식 자료를 바탕으로 작성되었습니다.

돈이 자유다

당신이 21억을 최대한 빨리 벌어야 하는 이유

얼음공장 지음

BM 황금부엉이

프롤로그

나는 투자를 몰랐다

옥상 난간에 올라가 본 적이 있는가? 서울의 멋진 야경 따위를 기대한 것은 아니었다. 실제 눈앞에 펼쳐진 풍경도 재개발이 필요한 동네의 낡아빠진 지붕들과 흐릿한 가로등뿐이었다. 고작 4층 빌라의 옥상 난간에 서서 죽음을 생각했다. 100킬로그램이 넘는 내 몸뚱이가 땅에 내리꽂히면 어떤 광경이 펼쳐질까? 그런 생각이 들자 두려움이 몰려왔다.

당시 나는 PC방을 전전하는 잉여인간으로 살고 있었다. 1년 반 전, 꼴찌에 가까운 등수로 고등학교를 졸업했다. 그나마 몇 안 되는 친구들 모두 삼류대, 지잡대일지언정 대학에는 갔다. 지루한 일상이 계속되자 대학에 가야겠다는 생각이 들었다. 난생 처음으로 세운 계획다운 계획이었다.

"그래서 원서 접수도 못 했다는 거야?"

그러나 나는 바뀌지 않았다. 공부는 고사하고 원서 접수를 못 해서 시험장 근처에도 가지 못했다. 어머니는 화도 내지 못하고 눈물만 흘리셨다. 나 역시 반복된 실망감에 절망만이 느껴졌다. 질끈 감은 눈을 비집고 눈물이 새어나왔다. 다리가 후들거려 옥상 난간을 붙잡았다. 죽지도 못하는 내가 초라하고 한심했다. 스스로에게 쓰레기라고 욕을 하며 내 뺨을 후려 갈겼다.

그러나 해피엔딩은 없었다

달리 방법이 없었다. 내가 바뀌면 세상도 바뀌지 않을까? 실낱같은 기대를 붙잡았다. 독하게 공부하고 살도 뺐다. 몇 년 후, 기대는 현실이 됐다. 전문대를 졸업하고 남들이 부러워하는 4년제 대학에 편입을 했다. 졸업 후 누구나 알 만한 대기업에 취직도 했다. 꼴찌를 도맡아 하던 내가, 금융대란 이후의 엄청난 불황기에 당당히 사회인으로 첫발을 내딛다니!

이때부터 내게는 해피엔딩만이 있을 것이란 착각이 시작됐다. 지옥이 아가리를 벌리고 있을 줄은 꿈에도 몰랐다. 보통 사람의 사회생활은 어떤가? 벼랑 끝으로 내몰리는 듯한 기분으로 하루를 견디는가? 출근을 생각하면 죽을 것 같은 공포를 느끼는가? 남들은 어떤지 몰라도, 내가 겪은 사회생활은 그랬다.

수습기간을 마친 내게 할당된 업무는 새로운 지점을 오픈하는 것이었다. 전국을 돌며 편의점 자리를 찾고, 개점 문의를 한 예비 사장님을 설득해 가맹체결 계약서에 사인을 받아야 했다. 하루에 4~5시간을 자며 졸음운전에 시달릴 정도로 열심히 일했지만, 치열한 경쟁 때문에 최저 시급 정도의 수익도 못 내는 점주들이 늘어갔다. 화가 난 점주들의 전화가 빗발쳤다. 점주들의 항의에 쌍욕까지 들으니 다이어트를 하지 않아도 살이 빠졌다. 꿈에서 극단적 선택을 하는 점주를 보고, 식은땀에 젖어 잠에서 깬 적도 있었다. 결국 사표를 썼다.

그래도 약간의 희망은 남아 있었다. 좋은 회사에 들어가기만 하면 남들처럼 즐겁게 사회생활을 할 수 있으리라는 신기루 같은 희망. 반년 동안 100통에 가까운 이력서를 쓰고 수십 번의 면접을 보았다. 그리고 바라던 곳으로 이직을 했다. 그것도 두 번씩이나. 그러나 해피엔딩 따위는 없었다.

나는 번번이 얻어터지다가 결국 패배했다. 계약직을 잘 마치면 정직원으로 전환시켜 주겠다는 약속은 "당신이 잘하면 그렇게 될 것"이라는 기약 없는 희망고문으로 이어졌고, 부서장 지인의 기분을 상하게 했다는 이유로 '갑질하는 XX 선배'로 매도됐으며, 상사와의 사소한 갈등 때문에 열과 성을 다했던 업무에서 철저히 배제되기도 했다. 결국 두 번의 사표를 더 쓰고 우울증에 공황장애까지 얻게 된 나는 살기 위해 결정해야 했다. 다시는 회사에 돌아가지 않기로.

기승전'돈', 나는 부자가 되어야 했다

'무얼 하고 살고 싶은가?' 답은 간단했다. 나는 부자가 되고 싶었다. 누구의 부당한 요구도 따를 필요 없고, 조직의 억압을 견디지 않아도 되는 사람. 세상 사람들은 그런 사람을 부자라고 불렀다. 결국 기승전'돈'이었다. 무조건 돈을 벌어야 했다. 직장생활 5년 동안 번 돈이 3,000만 원 안팎에 불과했다. 돈을 펑펑

쓴 것도 아니고, 악착같이 저축하고 투자했는데 말이다.

월급쟁이 노릇을 하며 내가 알게 된 '부자가 되는 길'은 크게 네 가지다. 아니, 상속과 복권 당첨을 제외하면 두 가지다. 바로 사업과 투자다.

다들 사업이 가장 좋다고 말했다. 좋은 아이템을 찾을 수 있다면 금방 부자가 된다고 했다. 그러나 좋은 아이템은 왜 내 눈에만 보이지 않을까? 만에 하나, 아이템을 찾게 되어 사업을 시작한다 해도 쉽게 부자가 될 수 있을까? 다들 하찮게 보는 작은 구멍가게(편의점)에서는 매일 곡소리가 들려온다. 피, 땀, 눈물은 기본 중의 기본이다.

투자는, 월급쟁이도 부자가 될 수 있는 지름길이라고 했다. 신입사원 딱지를 떼고, 듣고 배운 대로 투자를 시작했다. 주식 투자는 단연 쉬웠다. 여러 권의 책을 읽고 클릭 몇 번을 하니 뚝딱 계좌가 만들어졌다. 석 달 만에 여섯 자릿수의 투자 수익을 맛보았다. 그때 잠자고 있던 탐욕이 눈을 떴다. 적금을 헐어 투자금을 2배로 늘리자 기다렸다는 듯 시장이 꺾였다. 수중의 모든 돈이 순식간에 사라졌다.

부동산 투자는 '무조건 대세 상승'이라 괜찮다고 했다. 선배의 권유로 수도권 미분양 아파트 분양권을 샀다. 그러나 곧 회복될 거란 선배의 말은 공염불이었다. 하락장은 나라님도 구하지 못한다는 것을 알았다. 4년이 지나 겨우 본전만 회수할 수 있었다.

●

왜 가난을 벗어나지 못하는가?

이쯤 되니 화가 났다. 그리고 궁금해졌다. 왜 나는 부자가 되는 것은 고사하고 가난을 벗어나는 것도 힘이 드는 걸까? 뼈를 때리는 진실을 알기까지 몇 년이 더 걸렸다.

먼저 대를 이은 '절약병'이 모든 에너지를 빨아먹고 있었다. 나는 월급의 대부분을 은행에 갖다 바쳤다. 투자에 실패할 때마다 '그래, 저축뿐이다.'라고 푸념하며 다시 은행을 찾았다. 은행 금리는 사이비 종교와 같아 한 자릿수 금리에도 감지덕지하게 만들었다. 그러는 사이 인플레이션의 직격탄을 맞은 나의 돈은 점점 쪼그라들었다.

다음으로는, 투자를 몰랐다는 것이다. 물론 아예 모르진 않았다. 잘못된 지식과 정보를 너무 믿고 따른 것이 문제였다. 특히 책과 사람에게 쉽게 빠져들었다. 책을 읽고 강연을 들으면 가슴이 부풀어 올랐고, 그들에게 전수받은 비법으로 부자가 되리란 헛된 꿈을 품었다. 당장이라도 금맥(金脈)을 찾을 수 있을 것 같았다. 그러나 투자 결과는 참담했다. 투자의 성공은 '복붙(Ctrl+c, Ctrl+v)'으로 만들어지지 않는다는 걸 피 같은 돈을 잃은 후에야 깨달을 수 있었다.

●

투자를 모르는 당신은 삶을 바꿀 수 없다

'부자가 되고 싶은가?' '투자에 성공하고 싶은가?' '경제적 자유를 누리고 싶은가?' 대부분의 사람들이 '예'라고 답한다. 그러나 그들의 현실을 들여다보면 과거의 나와 거의 다르지 않다. 부자가 되고 싶다고 말하는 대다수는, '그러면 좋고' 같은 막연한 기대만 가지고 있다. 현실에서 적극적인 변화를 시도하지 않는다. 로또에 당첨되길 바라는 과대망상증 환자나 다름없다. 결국은 은행이나 기웃거리며 평생 가난뱅이로 살다 끝날 인생이다.

또 다른 부류는 투자에 대해 쥐뿔도 모르면서 안다고 착각하고 있거나 잘못된 방법을 반복하며 시간을 허비하고 있다. '대충 그렇다'고 얼버무릴 정도의 지식으로 현장에서 승부를 보려 한다. 무에서 유를 만드는 법, 애써 만든 것을 지키는 법, 더 높은 목표로 나아가는 법을 모른다. '부자가 된다'고 쓰기만 하면 부자가 된다는 개꿈을 믿는다.

진실을 하나 더 투척하자면, 부자가 되지 못하는 이들의 대부분이 타인의 노력을 하찮게 본다는 것이다. 타인의 피나는 노력을 '그까짓 것'이라고 말하지만 자신은 절대로 따라하지 못한다. 박약한 의지 때문에 기회가 와도 쓰레기통에 처박고 만다. 당연히 가난에서 한 치도 벗어나지 못한다.

그렇다면 성공하는 사람, 부자가 된 사람, 경제적 자유를 누리는 사람은 무엇이 다를까?

투자를 한 문장으로 요약하면 '삶을 바꾸어서 돈을 버는 과정'이다. 거울에 자신을 비춰보라. 혹시 세상에 불평불만만 늘어놓고, 타인에게 이유 없이 냉소적이며, 무기력한 상태를 스스로 합리화면서 누군가에게 기대어 이익을 얻어보려 하진 않는지. 찔리는 구석이 하나라도 있다면 당신도 '잉여인간'일 뿐이다.

단 한 명의 독자,
당신을 위해 준비했다

지난 16년간 나는 현장에 있었다. 네가 이기나 내가 이기나 끝까지 해보자고 매달렸다. '부자가 되지 못한다면 죽을 것 같은 과거로 돌아가야 한다.'고 되뇌면서 내 뺨을 후려치며 앞으로 내달렸다. 그리고 자유를 얻었다. 덤으로 실수와 실패를 용인해 주고, 새로운 기회가 올 것을 기대하며, 도전을 통해 어제와 다른 나를 만들 자신감도 얻었다.

책을 쓰겠다는 마음을 먹자 머릿속에 단 한 명의 독자가 떠올랐다. 공황장애를 얻으면서 회사를 그만두고 어찌 살아야 할지 몰라 헤매던 10년 전의 나! 섣부르게 시작한 투자에 실패해 시간과 열정, 돈을 날려버리고 내일을 기약할 수 없었던 나! 별 볼 일 없는 인생을 살며, 알 수 없는 분노의 바다에서 허우적거리던 나! 그의 시행착오를 반의반으로 줄여주기 위해 내가 했던 모든 투자 내용을 복기하며 정리했다.

당신도 나처럼 되고 싶은가? 혹시 당신도 미래가 없는 삶을 살며, 원하는 것은 무엇이든 갖고, 하고 싶은 일은 무엇이든 할 수 있는 삶을 원하는가? 악플에 시달리고, 가끔은 대중에게 지탄 받을지라도 질투와 부러움의 대상이 되고 싶은가? 삶을 변화시켜 투자에서 성공할 생각과 의지가 있는가? 그렇다면 이 책의 독자로 대환영이다. 당신의 다짐을 응원하며, 나의 이야기를 시작한다.

2025년 8월
얼음공장

차례

프롤로그 나는 투자를 몰랐다   4

1장 ✦ 돈은 자유다
인생은 기승전'돈'이었다

1 기(起)_아무것도 하지 않아서 아무 일도 일어나지 않았다   22
내 인생이 망했다는 걸 알았을 때 어머니의 눈물을 보았다   25
평범하게 살고 싶다는 욕심이 첫 결실을 만들었다   28
세상을 몰랐던 사회 초년생, 지옥문을 스스로 열다   30

2 승(承)_사회 초년병인 내게 세상은 부조리 그 자체였다   34
대기업 명함을 갖고 다니지만 하는 일은 편의점 삐끼   38
"이 XX 너 가만 안 둬!" 욕받이 월급쟁이의 삶   41
회사를 바꾸면 삶도 바뀔 거라는 헛된 희망에 나를 갈아 넣다   44

3 전(轉)_구르고 굴러도 나는 조직에서 성공할 수 없었다   47
공기업은 다를 거라는 기대를 품고 팀장의 막말을 들으며 퇴사하다   50
처음으로 미래를 그려보기 시작하다 그러나 지뢰는 어디에나 있다   53
낙하산 신입사원의 투서로 나의 모든 열정이 쓰레기통에 처박혔다   55

4 돈(Money)_그래서 결론은 돈, 돈이었다!   57

    나는 왜 죽을 만큼 불행한가? 나는 꿈조차 제대로 꾸지 못했다   60
    다시 인생을 살아간다, 그러나 다시 조직으로 돌아가진 않겠다   62
    평범한 삶을 살 필요는 없다 원하는 삶을 살 방법을 찾아라   65

2장 ✦ 당신은 투자를 모른다

1 가장 큰 리스크는 월급쟁이로 죽는 것이다   72

    꿈부터 깨라! 이직한다고 바뀌는 건 없다   76
    남들처럼 벌어서 쓰고 싶어도 월급은 늘 부족하다   80
    끓는 물에 빠진 개구리와 같은 삶
    월급쟁이로 죽는 것이 가장 위험하다   83

2 왜 돈을 빼앗기고만 있는가   87

    인플레이션은 공기와 같다 언제 어디에나 있지만 당신이 모를 뿐   92
    자본주의에 백기 투항하라 단언컨대, 바꿀 수 있는 것은 없다   95
    고액 연봉을 받고 있습니까?
    인플루언서가 되는 월급쟁이 부자의 조건   98

3 살아있는 고수에게 부자가 되는 법을 배워라   102

    고수에게 배우고 싶다면 뻔뻔해질 용기를 가져라   107
    지인 3명 중 1명은 진짜 부자다 직접 찾아가 먼저 조언을 구하라   111
    준비 없이 부자를 찾아가지 마라 그들도 시간 낭비를 싫어한다   115

4 성공이 최고의 동기부여다 119

먼저 성공하라 성공이 내 안의 거인을 깨운다 122
어부지리 성공도 성공이다 어떻게든 성공한 경험은 중요하다 125
성공은 전염된다 한 번 성공하면 열 번도 성공할 수 있다 129

5 배운 것이 없어서 못한다는 것은 변명이다 132

직접 해본다 임장을 간다 경매에서 수익을 내는 간단한 방법 135
경제와 부동산의 역사 꼭 필요한 부동산 공부는 따로 있다 139
꺾인 무릎을 다시 세울 때 책이 위로를 주고 조언도 해줄 것이다 144

6 가진 게 없을수록 시장을 알아야 한다 147

역사는 반복된다 침체기 후에 반드시 호황기가 온다 151
벼락거지가 되고 싶지 않다면 가격 결정의 원리를 알아야 한다 154
중요한 건 정치가 아니라 정책이다
투자 환경을 좌우하는 정책에 집중하라 156

7 언제든 지키는 것이 버는 것보다 중요하다 160

영원한 것은 어디에도 없다
시장이 유지될 거라는 착각이 가장 위험하다 162
부동산 투자는 불로소득이 아니다 잃어도 그만인 돈은 세상에 없다 165
버는 것보다 지키는 것이 중요하다 투자자의 마인드를 세팅하라 168

3장 ✦ '부'를 통한 자유는 어떻게 시작되는가?

Step 1 당신이 패배자라는 것을 인정하라   174

    '너 정도면 괜찮다'는 거짓말 스스로를 속이지 마라   177
    남들 때문이 아니다 다 네 탓이다
    가난할 수밖에 없는 방식으로 살지 마라   180

Step 2 얼마나 벌고 싶은가? 확인하고 계획하라   183

    자유를 쟁취하기 위해 무엇을 할 것인가?
    나만의 투자법을 고안하다   186
    '부의 설계도'를 만들다 단순하고 실현 가능한 루틴을 짜다   189

Step 3 피크점을 넘어서라   191

    정신 차리고 현실을 직시하라!
    회사는 당신에게 안 중요한데 급한 일이다   195
    절약이 부자를 만들지는 않는다 그러나 모든 부자는 절약한다   198
    회사의 성공 방식을 투자에도 대입하라
    직장생활을 하듯 투자생활을 하라   202
    빚은 나쁜 것이 아니다 노예의 경제학에서 벗어나라   205
    부자가 어떻게 사는지 관심 갖지 마라
    어떻게 부자가 됐는지만 알면 된다   208
    매일 완주할 트랙을 마련하라, 훈련이 루틴이 되게 하라   212
    실패는 성공을 위한 의무이자 권리이자 자유이다   214

4장 ✦ 투자를 시작하기 전에 알아야 할 모든 것

1 당신은 지금까지 레버리지를 당하고만 살았다　　220
　회사는 당신을 전문가로 키우지 않는다
　당신이 잘되기를 바라지 않는다　　224
　당하는 삶과 하는 삶 레버리지 하지 않으면 레버리지 당하고 만다　　228

2 투자는 무조건 홀로 하는 싸움이다　　232
　아웃사이더, 투명인간도 괜찮다 혼자 하는 투자의 힘을 믿어라　　237
　당신이 부자이길 바라는 유일한 사람은 당신뿐이다　　239

3 소액 투자자의 열심은 자랑이 아니다　　243
　소액 투자자의 1차 목표는 소액 투자에서 벗어나는 것　　247
　뜨내기손님으로 남는 한 부동산에서 급매를 찾을 수 없다　　250

4 당신이 깃발을 꽂을 마지막 종착지는 강남이어야 한다　　253
　이유 있는 강남 불패 강남은 성공과 부의 상징이다　　257
　'똘똘한 한 채' 강남이 더 귀해졌다 강남에 깃발을 꽂을 준비를 하라　　260

5 잃지 않으려면 현장뿐 아니라 경기도 알아야 한다　　264
　갭투자에서 똘똘한 한 채로 대한민국 투자의 정석이 바뀌었다　　268
　과연 현장에 답이 있을까? 잃지 않는 투자를 위해 알아야 할 것들　　271

6 선한 영향력과 친절로 무장한 사람을 조력자로 삼지 마라 276

세상에 공짜는 없다 성공팔이 유명 강사를 조심하라 279
응원해 주는 사람이 없는 게 정상이다 공짜 위로를 구하지 마라 281
기회는 친절을 타고 오지 않는다 사기의 위험에서 벗어나는 법 284

7 섣불리 투자 수익으로 월급을 대체하려 들지 마라 287

똑똑할수록 월급의 달콤함을 잘 안다 그래서 성공한다 290
투자를 시작하기 전 고정 수입을 늘리는 데 주력하라 293
시간을 팔지 않아도 될 때 월급쟁이도 사표를 쓸 수 있다 295

8 어설픈 자유는 지옥이다 297

남이 하면 딴짓 내가 하면 모험? 로또의 저주가 시작됐다 300
실패를 복기하라 손실도 내 능력의 결과물이다 302
목표 달성 후에도 시간은 흐른다 반드시 다음 스텝을 준비하라 304

에필로그 힘든 시간은 이미 다 지나갔다 307

1장

돈은 자유다
인생은
기승전
'돈'이었다

I

기(起)

아무것도 하지 않아서
아무 일도
일어나지 않았다

"쪽방 아저씨 돌아가셨단 소식 들었어?"

'쪽방 아저씨'라 불리던 그와는 PC방에서 얼굴을 몇 번 본 정도의 사이였다. 나보다 스무 살 정도 많은, 고작 40줄에 불과한 그가 엊그제 심장마비로 죽었단다. 그것도 내가 숙식을 해결하다시피 하던 PC방에서.

"PC방에서 살다시피 하더니 그럴 줄 알았지. 너도 몸조심해. 젊다고 방심하면 안 돼!"

내 옆자리를 청소하러 온 아르바이트생은 100킬로그램이 넘는 내 몸을 쓱 훑어보았다. '그 몸뚱이로 잘도 살고 있네.'라고 생각하는 듯한 혐오 가득한 눈빛으로. 아르바이트생이 사라진 후에도 나는 공벌레 마냥 움츠러든 어깨를 펴지 못했다.

당시는 고등학교를 졸업한 지 몇 달이 지난 때로, 나는 매일 PC방에서 게임을 하며 시간을 보냈다. 더 이상 미성년자가 아니어서 밤 10시 이후에도 집에 가야 할 이유가 없었기에 PC방에서 살다시피 했다.

돈은 그렇게 많이 필요하지 않았다. PC방 사장이 나를 최저시급보다 적은 돈으로 부릴 수 있는 초저가 아르바이트생으로 생각한 덕분에, 아르바이트생이 퇴근한 새벽 시간에 간단한 잡무를 해주고 게임비를 충당했다.

그렇게 유령처럼 하루하루를 살아가던 내게도 쪽방 아저씨의 죽음은 상당한 충격이었다. 철이 들고 대면한 거의 첫 번째 죽음이었으니까. 게다가 쪽방 아저씨는 나처럼 PC방에서 생활하던 이가 아닌가! 나도 갑자기 죽을 수 있다는 두려움이 몰려왔다.

며칠 뒤, 나는 다른 종류의 충격적인 경험을 하게 된다.

당시 PC방들은 게임회사와 계약을 맺고 보유한 PC에 유료 게임을 설치했다. 해당 게임을 무료로 할 수 있다고 광고하여 나 같은 게임 중독자들을 불러모았다. 물론 이런 사정이 나한테 특별한 정보는 아니었다. PC방과 게임회사 간의 계약 관계 혹은 운영 시스템이 나랑 무슨 상관이란 말인가! 하지만 그날은 내가 거대한 시스템에 속한 이름 없는 '졸(卒)'이라는 사실을 깨닫게 되었다.

"사장님! 아이템도 넣어드리고 길드도 만들어 드렸으니까 잘 사용해 보세요."

모니터를 뚫어지게 처다보던 PC방 사장은 게임회사 직원에게 연신 고맙다고 인사했다. 당시 가장 잘나가던 게임사인 N사의 영업사원은 대수롭지 않은 일인 듯 가볍게 손사래를 치고 PC방을 나갔다. PC방 사장은 게임을 시작했고, 나는 눈앞에 펼처진 광경에 놀라 입을 다물지 못했다. 그 게임은 N사에서 개발한 롤플레잉 게임으로, 당시 나는 그 게임에 빠져서 캐릭터를 키우고 성을 만드는 데 몇 달을 쏟아부은 터였다. 그런데 그날 PC방에 회선 점검을 나온 N사 영업사원은 내가 수개월간 노력해서 완성한 아이템과 길드를 클릭 몇 번으로 만들어버리고, 그걸 PC방 사장에게 선물로 주고 가버렸다.

'일개 영업사원조차 게임 세상에서는 전지전능한 신 같은 존재라니……'

천지분간 못 하는 게임 중독자였던 나는 엄청난 배신감과 함께, 누군가의 손아귀에서 놀아나는 하찮은 인생을 살고 있을 뿐이었다는 사실을 깨우치게 되었다.

내 인생이 망했다는 걸 알았을 때 어머니의 눈물을 보았다

"얼음공장 님은 어릴 때 꿈이 뭐였어요?"

몇 년 전, '얼음공장'이라는 이름의 유튜버로 책 3권을 내고 세상에 나왔을 때, 난생처음 나의 꿈을 궁금해 하는 사람들을 만났다. 초중고 12년을 통틀어도 "커서 뭐가 되고 싶니?"라는 질문을 받아본 적이 없었다. 뚱뚱했고, 운동도 못했고, 이렇다 할 재주도 없었던 나는 늘 아웃사이더에 트러블메이커였다.

"선생님! 20개 문항이 있는 4지선다형 객관식 시험이잖아요. 그걸 제가 한 번호로 찍었어요. 그런데 왜 점수가 8점인가요? 최소 20점은 나와야 정상이잖아요!"

게거품을 물고 따지는 나를 고등학교 역사 선생님은 어이가 없는 표정으로 노려보았다. 옆자리에서 내 이야기를 듣고 있던 체육 선생님은 나를 끌고 나가 운동장을 뛰게 했다. 체육 선생님은 "공부도 못하는 XX가 선생님한테 대들기까지 한다."며 험한 말을 쏟아냈다.

선생님의 욕지거리에 기가 눌린 나는 운동장을 뛰면서도 씩씩거렸다. 4지선다형 객관식을 한 번호로 찍었는데, 왜 최저점인 20점도 못 받나? 그에 대한 답변을 듣지 못한 것이 억울하고 분했다.

그나마 컴퓨터 게임을 좋아해서 어울려 다닌 친구들은 있었다. 함께 PC방을 다니면서 시답지 않은 이야기로 시간을 죽이던 그들조차 대학에 들어가자, 나만 별 볼 일 없는 백수가 됐다.

쪽방 아저씨의 죽음과 모든 에너지를 쏟아부었던 게임에서조차 나는 아무것도 아니라는 것을 깨달은 충격. 두 사건을 겪고 나자 외로움이 몰려왔다. 죽음에 대한 공포와 내 맘대로 할 수 있는 것이 없다는 무력감을 느꼈지만, 이런 감정을 터놓을 친구가 한 명도 없었다. 고작 스무 살인데 이미 망한 인생이라는 절망감이 몰려왔다.

'나도 대학에나 가볼까?'

나는 도망갈 곳을 찾았다. 일단 절망감에서 빠져나오고 싶어서 가당치도 않은 희망을 생각했다. 몇 달 동안 대화도 제대로 못 나누었던 어머니와 외할머니에게 대학 이야기를 꺼내자, 두 분의 얼굴에서 잠시 미소가 스쳐갔다. 그러나 두 분 다 가타부타 말씀이 없었다. 그 침묵은 또 다른 변명거리가 됐다.

'어차피 나한테 기대 같은 걸 갖고 있는 분들도 아닌데……'

이후로도 나는 동물처럼 살았다. 먹고 자고 게임을 하니 다 잊혀졌다. 그러던 사이 대학수학능력시험 접수일자를 놓쳤다. 처음에는 그게 대수냐 싶었다. 그러나 어머니와 외할머니의 눈물을 보자 철갑으로 두른 마음에도 실금이 가기 시작했다.

평범하게 살고 싶다는 욕심이
첫 결실을 만들었다

　스무 살, 4층짜리 빌라의 옥탑 난간에 섰다. 나의 바람은 하나였다. 남들처럼 평범하게 살고 싶다는 것이다. 그렇게 살지 못할 바에는 차라리 죽고 싶었다. 그러나 선뜻 죽을 용기가 나지 않았다. 이 세상에서 사라지는 것보다 4층짜리 빌라에서 떨어져 부러지고 깨질 것이 더 무서웠다. 나는 살고 싶어졌다. 그래서 후들거리는 다리로 옥탑 난간에서 걸어 내려온 후 공부를 하고 살을 빼기로 마음먹었다.

　입시학원을 다니며 치른 첫 모의고사에서 내가 받은 성적은 전국 하위 5% 정도였다. 몇 달이 지나도 달라지지 않았다. 세 자릿수의 몸무게도 마찬가지였다. 그래도 멈추지 않았다.

　'쓰레기 같은 삶을 바꿀 방법은 이것밖에 없다.'

　공부가 지루해 못 견딜 때나 잡생각이 떠오를 때마다 걷고 달렸다. 나를 거들떠보는 사람이 없어서 오히려 편했다. 아무도 신경 쓰지 않는 유령 같은 삶이었지만, 해야 할 일이 있고 목표가 있어서 덜 불행했다.

남들은 세 번째 수능을 볼 나이에 처음으로 수능을 보았다. 그 사이 몸무게는 50킬로그램 이상이 빠진 상태였다. 어느 때보다 탄탄한 다리로 시험장으로 걸어 들어갔다. 특별한 이변은 없었다. 실력대로 시험을 보았고 만족할 성적은 아니지만 '할 만큼 했다'고 위안을 삼을 정도는 되었다. 여러 군데의 전문대에 원서를 냈지만 대부분 불합격이었다. 이제 다 끝났다고 생각한 2월 마지막 주에 수도권의 한 전문대에서 합격 연락을 받았다. 이루 말할 수 없이 기뻤다. 태어나서 이룬 첫 번째 성취였다.

대학 간판을 남들이 알아주든 말든, 학교 위치가 어디든 상관없었다. 너무 늦게 연락을 받아 신입생 OT에도 못 갔지만, 어떤 과목도 A플러스를 놓치지 않을 만큼 2년 동안 학교생활을 열심히 했다. 교수님과 동기들도 나의 성실함을 인정할 정도였다. 하지만 좀 더 큰 세상에서 인정을 받고 싶어서 편입 시험을 준비했고, 결국 인서울 4년제 대학에 합격하기에 이르렀다.

어머니는 지인들에게 전화해서 "우리 아들이 ○○대학교에 붙었어."라며 자랑을 하셨다. 내가 결혼하고 아이를 낳기 전까지, 어머니가 그렇게 기뻐하시는 것을 본 적이 없다. 난생처음으로 어머니에게 자랑스러운 아들이 된 것 같았다.

'그동안 아무것도 하지 않아서 아무 일도 일어나지 않았던

거구나.'

그때 나는 인생의 진리를 깨달은 줄 알고 뒤늦은 반성도 했다.

'10대 때 모두가 나를 무시했던 것은 오로지 내 탓이었어. 내가 노력하지 않아서 루저로 살아왔던 거야. 앞으로는 열심히 살면서 누구에게나 인정받는 사회인이 될 거야.'

그때까지만 해도 내가 깨달은 인생의 진리를 믿고 따르면 남들처럼 평범한 인생을 살 게 될 거라고 믿었다. 그때는 몰랐다. 결코 배신당하지 않을 것 같은 인생의 진리가 쓰레기통에 처박히게 될 줄은.

세상을 몰랐던 사회 초년생, 지옥문을 스스로 열다

그때 그곳을 첫 직장으로 가지 않았다면 내 삶이 좀 달라졌을까? 수없이 복기를 해보았다. 졸업할 시기에 금융위기가 없었다면, 내게 직업에 대해 진지하게 고민하고 신중하게 결정하라고 조언해 주는 어른이 있었다면, 내 적성에 맞는 직종을 찾아볼 경제적 여유가 있었다면, 나는 다른 선택을 했을까? 부질없는 일이지만 자꾸 시간을 돌려본다. 실패를 만회할 방법을 찾고 싶지만, 실패의 쓴맛만 되새기게 될 뿐이다. 내가 걸었던 희망이 사회생활을 경험하지 못한 이의 '순진한 착각'이었다는 사실만을 인정할 뿐이다.

2007년 금융위기의 여파는 상당했다. 대학교 졸업을 할 즈음, 나의 토익 성적은 만점에 가까웠고 학점도 매우 좋았다. 누가 봐도 입사 문턱을 넘을 만한 조건이었지만 금융위기 앞에서는 아무 의미가 없었다. 대부분의 대기업에서는 공채 인원을 줄였다. 정말 가고 싶었던 회사에서 면접 전날 "죄송하다"며 공채 취소를 알려오기도 했다. 왜 하필 내가 졸업할 시기에 이런 일이 생기는 건지, 세상이 원망스러웠다. 그러나 낙심만 할 순 없었다. 그나마 남아 있는 기회를 잡아보려고 무진 애를 썼다. 지성이면 감천이었을까, 마지막으로 지원한 대기업에서 합격 통보를 받았다. 합격 소식을 듣자 세상을 다 가진 것만 같았다. 아무 데라도 취업이 됐으면, 하고 간절함이 극에 달했을 때였다.

더 좋은 기업에 가지 못한 '약간의' 아쉬움이 있었지만, 어려운 시국에 취직을 했다는 것만으로도 감지덕지였다. 어찌됐든 대한민국 사람이라면 누구나 알 만한 대기업이 아닌가. 반짝이는 회사 배지를 달고 출근할 생각에 어깨에 힘이 한껏 들어갔다.

그룹 연수를 받을 때의 즐거움이란! 공채로 뽑힌 수십 명의 동기들과 함께 연수를 받았다. 금융, 유통, 정보통신 등 다양한 계열에 소속된 신입사원들의 얼굴에는 기대가 넘쳤고, 한없이 밝은 얼굴 표정 마냥 앞으로 펼쳐질 미래에 대한 희망을 나누었다. 내가 속한 유통회사는 그룹에서 가장 뒤처지고 급여도 낮았지만 그런 건 문제가 되지 않았다. '평범한 샐러리맨'의 삶을 살 수 있길. 단지 그 정도만 바랐을 뿐인데, 그 알량한 욕심이 나를 지옥으로 떨어뜨렸다. 그때는 무슨 일을 하게 될지도 몰랐다. 대기업이니 책상물림의 일을 하지 않을까 짐작만 할 뿐이었다.

첫 출근지는 편의점이었다. 모든 신입사원들은 약 6개월 동안 OJT(직장 내 교육훈련)를 위해 편의점으로 출근해야 했다. 그때를 백수 시절과 비교하면, 근무 환경은 PC방보다 열악했고 만나는 사람들은 더 악랄했다고 할 수 있다.

편의점에는 직영점과 가맹점이 있다. 직영점은 본사가, 가맹점은 개인사업자가 운영한다. 보통 목이 좋고 수익이 확실한 곳에 직영점을 연다. 신입사원들은 매니저가 있는 직영점에 파견되었다. 보통은 고등학교를 졸업하고 10년 넘게 점포를 관리한 베테랑 점주들이 신입사원을 맡는다. 나를 맡은 점주는 굉장히 노련했고 손님들도 잘 상대했지만 신입사원에게는 아주 인색하고 불친절했다. 자신이 10년 넘게 일해서 얻게 된 소득만큼의 월급을 젊은 신입사원이 받아가는 것이 싫었던 듯하다. 게다가 점장 입장에서 나는 동료가 아니라 예비 경쟁자였다. 회사에서 자신을 내보내고 신입사원을 그 자리에 앉힌들 어쩔 수 없다는 것을 잘 알고 있었을 것이다. 이런저런 이유로 점주는 나를 아르바이트생보다 더 빡세게 굴렸다.

원래 OJT 기간의 업무는 매니저를 돕거나 계산대를 지키는 '보조' 정도의 일이다. 하지만 나는 아르바이트생이 무단결근을 할 때마다 대신해서 일해야 했고, 퇴근 카드를 찍고도 계산대를 지켜야 했다. 회사는 사정을 알면서도 묵인했던 걸까, 아니면 그런 상황을 종용했던 걸까? 어쨌든 나는 6개월을 버텼다. 최저 시급도 안 되는 월급을 받으며 '몇 달만 고생하자. 곧 끝날 거야.' 스스로에게 희망고문을 해대면서.

2

승(承)

사회 초년병인 내게
세상은 부조리
그 자체였다

내가 첫 직장을 다닐 때는 마른 걸레에서 물을 쥐어짜듯, 직원들을 쥐어짜는 관행들이 너무 많았다. 회사는 이익을 위해 직원들의 마지막 한 방울까지 꾹꾹 짜냈다.

나는 회사를 다니면서 '기념일'이 얼마나 사악한 날인가를 알게 되었다. 회사에서는 기념일이 되면 소위 '할당'이라는 것을 내려 보냈다. 매출 목표를 높이고, 직원들이 알아서 높아진 목표를 달성하도록 독려(?)한다. 밸런타인데이에는 초콜릿을, 화이트데이에는 사탕을, 빼빼로데이에는 빼빼로를 사야 했다. 할당량은 300만 원 정도로, 다 채우지 못하면 압박이 들어왔다. 친구들을 찾아다니며 내가 구입한 빼빼로를 팔았다. 강매를 당하는 모두가 '너도 참 사는 게 쉽지 않다.'며 혀를 끌끌 찼다.

명절에는 회사 마트나 편의점에서 쓸 수 있는 포인트를 받았다. 당시 유통업계에선 흔한 일이었다. 대학 선배에게 하소연을 하자 선배의 답이 가관이었다.

"너네는 명절 떡값 정도지. 우리는 월급을 회사 상품권으로 줘. 그래서 우리 엄마는 우리 마트만 다녀. 내 월급은 장보는 데다 들어가고, 적금은 부모님이 대신 내주시지. 넌 그 정도는 아니잖아."

선배의 위로가 전혀 와닿지 않았다. 나쁜 관행에 순응하고 살아가야 한다는 사실에 분노가 치밀어 올랐다. 회사를 다니고 있는 모두가 나쁜 관행을 바꿔달라고 한목소리를 낸다면 조금은 바뀌지 않을까? 이렇게 생각하다가도 고개를 저었다. 누구에게 이야기를 한단 말인가? 팀장, 과장, 부장, 누구도 이런 이야기를 들어줄 것 같지 않았다.

"회사가 잘돼야 여러분도 잘되는 겁니다. 이번 달 매출이 잘 나와야 우리 팀도 회사에서 인정받고, 저도 얼굴을 들고 다닐 수 있어요. 조금만 더 힘냅시다. 우리처럼 유통밥 먹는 사람들은 어디 갈 데가 있지 않아요. 이렇게 큰 조직에서 안정적으로 다니고 있는 것만도 감사한 일이죠. 현장 나가보면 알잖아요. 정말 열악한 곳이 얼마나 많습니까?"

조회 시간은 팀장이 '훈화 말씀'으로 팀원들을 세뇌하는 시간이었다. 회사 창업주가 얼마나 대단한지 찬양하는 것으로 시작해서 우리 회사가 얼마나 좋은지 자랑으로 이어져 "당신들 같은 무능한 사람들이 갈 데가 어딨냐?"라며 충성과 감사를 강요하며 끝이 났다.

이 회사는 조기 퇴사자가 많은 곳으로 악명이 높았다. 똑똑하고 능력 있는 사람들은 일찍이 사표를 내고 다른 곳으로 간 것이다. 정신이 제대로 박힌 사람이라면 오래 다니지 못할 곳이라는 것을 진즉 알아챘을 만한 곳이었으니까. 그러나 안타깝게도 나는 '정신이 제대로 박힌' 축에 끼지 못했다.

OJT가 끝나갈 때 체력이 거의 바닥났다. 며칠씩 밤샘을 하니 정신이 맑은 날이 별로 없었다. "너 같은 것들은 갈 데가 없다."는 말을 지속적으로 들어서인지 약간의 무기력에 빠져있기도 했다. 다른 직장을 가도 별반 다르지 않을 거라는 회의감에 '사표'는 생각할 수도 없었다.

'그래 어렵게 들어온 직장인데 잘해 봐야지.'

당시 내가 믿는 것은 '배신하지 않는 노오력'이었다. 전교 꼴찌였다가 대학생이 된 것처럼, 이름 없는 전문대 학생이었다가 명문대 학생이 된 것처럼, '노오력'을 하면 인생역전은 가능하다고 믿었다. 그래서 '조직에서 빨리 성공하자'는 것이 인생 목표가 됐다.

대기업 명함을 갖고 다니지만
하는 일은 편의점 삐끼

"어느 부서로 가면 성공할 수 있을까요?"

그나마 믿을 만한 선배에게 물어보았다. 첫 직장에서 '저 사람처럼 되고 싶다'는 마음을 먹게 해준 단 한 명의 선배였다. 대부분이 삶의 무게에 짓눌려 살아가는 듯했지만, 그 선배만이 '생기 있는 삶'을 살고 있었다. 일을 잘했고 평가도 좋았다. 그래서 용기를 내서 물어보았다.

"리크루트 필드가 좋지 않겠어?"

선배는 어렵지 않다는 듯 답을 주었다.

유통사 내의 리크루트 필드는 쉽게 말해 신규 편의점을 차리는 부서다. 편의점을 차리는 데는 보통 3명의 사인이 필요하다. 건물주, 편의점 점주, 그리고 본사의 계약 담당. 본사에서는 계약 담당 파트를 리크루트 필드, 계약 담당자를 리크루트 필드 컨설턴트라고 불렀다. 선배도 리크루트 필드 컨설턴트로 오래 일한 사람이었다. 선배는 눈을 반짝이는 내게 조언해 주었다.

"대충 보면 알잖아, 될 만한 자리인지 아닌지. 그런 자리는 지인한테 소개해 봐. 여력이 되면 자기가 하면 더 좋고. 편의점 몇 개 세팅하면 연봉은 그냥 나오니까."

선배도 친인척 이름으로 점포 몇 개를 운영하는 눈치였다. 덕분에 다른 동료들과 달리 여유가 있어 보였던 것이다. 선배의 능력과 여유가 부러웠던 나는 해당 부서에 지원했다. 다행히 OJT 기간에 뼈를 갈아 넣었던 공로(?)를 인정받아 원하는 부서에 배치되었다.

나의 계획은 단순했다. 우선 건물주를 찾아가 매장을 임대하고, 점장을 할 사람을 뽑아 편의점을 오픈한다. 그렇게 오픈 경험을 몇 번 해본 후 돈이 될 만한 목 좋은 곳을 찾아내 편의점을 연다. 마지막에는 선배처럼 여유 있는 삶을 산다.

'편의점이 잘되고 지점을 몇 개 더 내면…… 어쩌면 회사생활을 안 해도 되지 않을까?'

나는 무한대의 희망 회로를 굴리기 시작했다. 그러나 얼마 지나지 않아 희망 회로는 끊어지고 폐기 처분되었다. 편의점에서 일할 때는 몸이 힘든 정도였지만, 필드에서는 마음까지도 너덜너덜해졌다.

길거리를 나가보라. 건물마다 편의점이 있다. 서울시에만 9,000개 점포가 있다고 한다. 15년 전보다 4배가 늘어난 수치다. 그런데 궁금하지 않은가? 어떻게 15년이라는 짧은 기간에 편의점 수가 폭발적으로 늘어날 수 있었을까? 인구나 건물이 4배로 늘어난 것도 아닌데 말이다.

금융대란 이후 편의점 본사의 전략은 대략 이러했다. 편의점을 차리겠다고 오는 예비 가맹점주를 기다리는 것은 비효율적이니 작은 소매점, 슈퍼마켓, 동네 구멍가게를 설득해 프랜차이즈 편의점으로 가맹 계약을 맺는 것이다. 본사에서는 물건 구매, 재고 관리, 인테리어 관리, 아르바이트 관리 등 소매점 점주들이 겪는 어려움을 해결해 줄 수 있다고 설득하면 평소 어려움을 겪던 사장님들은 너 나 할 것 없이 가맹 계약을 하자고 본사로 밀려든다.

하지만 현실은 달랐다. 아무리 작은 가게를 운영해도 그들은 엄연한 사장님이다. 무턱대고 계약서에 도장을 찍진 않는다. 본사에 유독 이익이 집중되는 계약서에는 더더욱 그러하다. 사정을 알게 된 본사에서는 소매점을 방문해 계약을 따오라고 필드 컨설턴트를 내보내기 시작했다. 나는 가맹 계약을 따오기 위해 일면식도 없는 소매점을 찾아다녔다. 엄밀히는 구멍가게 사장님들에게 '잡상인' 취급을 받으며 문전박대를 당하는 것이 나의 일이었다. 동료들은 이런 나를 '편의점 삐끼'라고 불렀다.

"이 XX 너 가만 안 둬!"
욕받이 월급쟁이의 삶

이후에 겪게 될 일들에 비하면, 그나마 계약을 따러 다닐 때가 나았다. 20대 사회 초년생인 내가 오랫동안 가게를 운영해온 사장님들을 설득하는 것은 쉽지 않았다. 본사로 찾아온 예비 점주들도 깐깐하기는 마찬가지였다. 목 좋은 곳을 소개해도 원만하게 계약서를 쓰는 일은 불가능에 가까웠다. 그러나 팀장은 "그건 네 사정"이라며 "잘리고 싶지 않으면 죽든 살든 편의점을 오픈하라."고 매몰차게 나를 필드로 내몰았다.

선배들도 예비 점주들을 설득하기 위해 온갖 감언이설을 쏟아부었다. 좋은 자리가 아닌 것을 알면서도 좋은 자리가 될 것이라고 소개하고, 유동 인구가 많지 않은데도 곧 많아질 거라고 장담했다. 있지도 않은 '이 자리를 노리고 있는 예비 점주들'을 들먹이며 하루 빨리 계약해야 한다고, 고개를 갸웃거리는 예비 점주들이 도장을 찍을 때까지 집요하게 물고 늘어졌다.

이후의 상황은 참담했다. 어떤 사업이든 원하는 만큼 돈을 버는 이들은 상위 20%뿐이다. 30%는 보통 수익을 얻고, 30%는 약간 부족하게 벌고, 20%는 적자를 낸다. 편의점 점주들의 상황은 이보다 더 나빴다.

초기에는 본사에서도 지원을 해준다. 오픈 이벤트를 열어주고 할인 물건도 깔아준다. 소위 '오픈발'이 1~2달은 지속된다. 그 이후부터는 매출이 떨어져 거의 반토막이 난다. 새내기 점주들은 예상에 한참 못 미치는 매출전표를 받게 된다. 처음에는 앓는 소리를 하며 지원을 해달라고 사정하다가, 몇 달이 지나면 자신이 속았다며 컨설턴트에게 험악한 말을 쏟아내기 시작한다. 쌍욕은 기본이고, 죽이겠다는 협박도 한다.

목숨을 건 사업도 아닌데 그렇게까지 한다고? 이런 의문이 들 수도 있다. 그러나 그들 입장에서는 당연한 일이다. 젊은 사장도 있지만 편의점을 차리는 대부분의 사장들은 40~50대 이상이다. 금융대란이다 뭐다 사는 게 팍팍해서 회사를 그만두고(혹은 잘리고) 새로운 일자리를 찾아 나선 그들이 손에 쥔 돈은 1억 안팎이다. 준비되지 않은 노년을 위해 전부를 쏟아부은 그들이 매달 쌓이는 적자를 초연히 견딜 수 있을까?

사업은 마음대로 시작할 순 있으나 마음대로 끝낼 순 없다. 누구에게 넘기지 못하면 폐업 전까지 지속해야 한다. 직원도 안 쓰고 24시간을 편의점에서 보냈는데, 그 모든 노력이 밑 빠진

독에 물 붓는 꼴이 된다면, 누군들 화가 나지 않겠는가.

"이 XX 너 가만 안 둬!"

신규 편의점을 내지 못하는 초짜 컨설턴트였던 나는 할당 지역을 돌며 점주들의 민원을 해결하러 다녔다. 창업을 도왔던 컨설턴트가 사표를 내면 그가 담당했던 지역의 점주들도 내 소관이 됐다. 수시로 전화벨이 울렸고, 절반 이상이 하소연이나 욕이었다. 통화시간은 점점 길어졌다. 욕을 듣는 일이 중요한 업무처럼 되어갔고, 월급은 욕받이의 대가라는 생각까지 하게 되었다.

그렇게 매일 몇 시간씩 욕을 들으면 멀쩡한 사람도 변하게 된다. 자존감은 바닥을 뚫고 지하까지 내려갔다. 왜 살고 있나, 회의감이 밀려왔다. 심장이 미친 듯이 뛰기 시작했고 식은땀도 났다. 이런 생활이 조금 더 지속되면 숨이 막혀 죽을 것 같았다. 그렇게 '공황장애'가 시작되었다.

회사를 바꾸면 삶도 바뀔 거라는 헛된 희망에 나를 갈아 넣다

생생히 기억난다. 편의점을 오픈한 지 얼마 안 된 점주였다. 20살에 내가 섰을 법한 난간에 선 그는 나를 무섭게 노려보았다. 자신이 어떻게 편의점을 열게 됐는지 이야기를 하다가 "네놈들 때문에 내가 이렇게 됐다."며 난간에서 뛰어내렸다.

"악!"

식은땀에 젖어 눈을 떴다. 그때서야 모든 게 꿈이라는 것을 알았다. 그럼에도 부들부들 떨리는 손은 멈출 줄을 몰랐다. 공포가 몰려와 숨이 잘 쉬어지지 않았다. 그날 밤, 나는 결심했다. 더 험한 꼴을 보기 전에 도망쳐야만 했다. 그래야 남을 사지로 내몰았다는 죄책감에서 벗어날 수 있을 것 같았다.

사표 수리는 간단했다. 몇 번의 면담 후 박스 하나도 안 되는 짐을 챙겨 집으로 왔다. 회사에서 나를 붙잡으면 어떻게 뿌리치나 걱정했지만 그런 일은 일어나지 않았다. 면담은 형식적이었고 잘 지내라는 인사에 온기라고는 없었다.

퇴사 후 며칠 동안 잠만 잤다. 몸은 조금씩 회복되었다. 나는 젊었고 그나마 세상에서 이룬 것이 있는 사람이었다. 그때까지의 결과는 폭망이었지만, 모든 것이 끝났다고 하기에는 아직 일렀다. 에너지를 되찾은 나는 실패를 복기하고, 무엇이 문제였나 찬찬히 생각해 보았다.

누가 봐도 조직의 문제였다. 너무 안 좋은 회사에 안 좋은 직종에서 일을 했다. 좋은 곳에 취직했다면 나도 남들만큼 멋지게 회사생활을 했을 거라고, 나는 나를 위로했다. '그래 회사만 잘 고르면 괜찮아!' 진단이 쉬웠으므로 해결책도 쉬웠다. '좋은 곳'에 취직하면 만사형통이 될 것 같았다.

'이제 직장 내 성공 따위는 바라지 않겠다. 그저 평범한 직장에서 제대로 된 사회생활을 하면서 살겠다. 워라밸이 되는 직장이라면 만사 오케이다!'

다시 눈에 불을 켜고 이력서를 쓰기 시작했다. 조직을 위해 무엇이든 할 수 있는 준비된 인재처럼 자기소개서를 꾸몄다. 공기업, 대학교, 준공무원 자격이 주어지는 곳이라면 어디든 이력서를 보냈다. 쓰고 보내기를 반복하던 중에 면접을 보러 오라는 연락을 받았고, 최종 합격까지 일사천리로 진행이 됐다.

지금 생각해 보면, 당시의 나는 순진했다. 착했다는 것이 아니라, 조직을 몰라도 너무 몰랐다. '나'란 사람에 대해서는 더 몰랐다. 나는 무엇을 원하는 사람인지, 어떤 부분에 강하고 어떤 부분에 약한 사람인지, 나의 내면을 들여다볼 생각을 전혀 못 했다. 근무 환경만 바꾸면 공황장애가 발병할 만큼 암울했던 내 삶이 바뀔 거라고 믿었던 것이다. 오래된 무지는 번번이 나의 희망을 절망으로 갈아치웠다.

3

전(轉)

구르고 굴러도 나는 조직에서 성공할 수 없었다

두 번째 직장은 사대문 안에 있는 명문대의 행정실이었다. 대학교 교직원의 일상은 나른하리만큼 편안했다. 따로 점심시간이 없다는 이유로 퇴근 시간은 5시였다. 방학기간에는 단축 근무로 퇴근 시간이 더 빨랐다. 일하는 공간은 쾌적했다. '이곳이라면 뼈를 묻고 싶다'는 생각이 들 정도로 좋았다. 계약직으로 취업한 것이 결점이었지만 정직원이 못 되면 어떤가. 계약 연장이 돼 정년을 맞는다 해도 크게 불만은 없었다. 의외의 사건으로 모든 것이 틀어지기 전까지는 말이다.

시작은 사소했다. 주차장에 세워둔 차의 오른쪽 문짝이 심하게 긁혀 있었다. 경비 아저씨에게 어떻게 된 일인지 물어보았다. 평소 '인사성 밝은 청년'으로 나를 기억하고 있던 경비 아저씨는 자신이 목격한 대로 알려주었다. 내 차의 오른쪽 지정주차 자리에 있던 검은색 세단이 내 차를 긁고 그대로 가버리더라는 것이었다.

다음 날, 지정 차량의 소유자를 찾아냈다. 등잔 밑이 어둡다고, 내가 일하는 부처의 처장이었다. 대학교 행정실의 처장은 교수가 맡는데, 보통은 교수실에서 머물다가 1~2시간 정도 행정실에 와서 업무를 보고 돌아간다. 그때까지도 나는 처장과 업무 이야기를 나눈 적이 거의 없었다. 처장이 불편할 수 있겠다는 생각에, 행정실 팀장에게 면담 신청을 하고 사실을 이야기했다. 교수님이 몰라서 그러셨을 수도 있으니 보험 처리만 받을 수 있게 중개를 해달라고 부탁했다. 그런데 팀장의 반응은 예상 밖이었다.

"젊은 사람이 사회생활을 그렇게 해서 어떡해?"

이해할 수 없었다. 차량 사고와 사회생활이 무슨 상관인가. 팀장은 노골적으로, 정직원이 되고 싶다면 문제 삼지 말라고 했다. 그 이유는 중간에 있는 자신이 매우 곤란해지기 때문이란다. 너무 화가 나서 더 이상 말을 섞고 싶지 않았다. 처장을 직접 만나 보험 처리를 받겠다고 교수실로 향했다. 처장은 "나는 전혀 몰랐다. 알았다면 내가 그대로 갔겠느냐?"며 자신은 절대 뺑소니가 아니라고 발뺌했다. 나는 보험 처리만 제대로 해달라고 말하고 교수실을 나왔다.

문제는 이후에 벌어졌다. 팀장은 처장을 직접 찾아간 나를 눈엣가시처럼 여겼다. 매사에 꼬투리를 잡고 시시비비를 따졌다. 그리고 말끝마다 "이렇게 일해서 정직원 심사 받을 수 있겠어?"라는 말을 붙였다. 면접 때만 해도 "2년 계약기간을 채우면 자동으로 정직원이 되는 자리"라고 했고 입사 후에는 "내 덕분에 좋은 자리에 들어오게 된 것"이라고 공치사를 남발했었다. 그런데 이제 와서 말을 바꾸고 '정직원 심사'를 운운하는 것이었다.

나는 참았다. 아니 참으려고 노력했다. 계약기간 만료가 다가오고 있고 정직원이 된다면 다 괜찮아질 거라고 억지로 나를 다독였다. 그러나 팀장의 괴롭힘은 갈수록 심해졌다. 그쯤 되니 나도 적나라하게 상황을 파악할 수 있었다.

'정직원이 된다고 달라질 게 있을까?'

나를 대놓고 미워하는 팀장과 같은 공간에서 일할 생각을 하니 다시 심장이 요동치기 시작했다. 나는 공황장애가 재발되는 것만은 막아야 한다는 생각이 들었다. 그래서 또 다시 새로운 일자리를 알아보기 시작했다.

●

공기업은 다를 거라는 기대를 품고
팀장의 막말을 들으며 퇴사하다

나는 점점 능숙한 '입사 지원자'가 되어가고 있었다. 이제 어떤 직장이 좋은 직장인지, 어떻게 지원해야 합격이 되는지 알게 되었다. 고심 끝에 세 번째 직장은 신중하게 골랐고, 어렵지 않게 합격도 했다.

대학교 행정실에 사표를 내던 날, 팀장의 얼굴에는 승리의 웃음이 번졌다. 그의 얼굴에는 '그래. 네놈이 언제까지 버티나 했다.'라고 쓰여 있었다. 나는 자존심을 꺾고 "빨리 인수인계를 하고 싶다."고 말했다. 새로운 직장에서 지정한 출근일이 3주도 남지 않은 때였다. 그런데!

"그럴 수야 있나. 법적으로 4주는 더 다녀야 하는 거 알지?"

생각지도 못한 팀장의 일격이었다. 물론 팀장의 말이 틀린 건 아니었다. 그러나 밉보기만 하는 직원이 자진해서 나가겠다는데, 굳이 붙잡아 두려는 건 무슨 심보일까.

"인수인계는 하루 이틀이면 끝납니다. 바로 출근을 해야 하니 사정을 봐주셨으면 합니다."

일단 화를 참으며 할 말을 했다. 그러나 팀장은 그게 자기와 무슨 상관이냐는 얼굴로 나를 뚫어져라 쳐다보았다. 결국 나는 곱지 않은 말을 쏟아냈다. 팀장도 마찬가지였다.

"너 같은 거 하나 박살내는 건 일도 아니야!"

막말의 향연이 시작됐다. '새파랗게 어린놈이' '사회생활 무서운 줄 모르고' '상사를 X으로 알고' '기본도 모르는 XX' 험한 말이 귀에 박혔다. 모멸감이 몰려오는 중에, 팀장의 말을 듣고 있는 내가 바보 같다는 생각이 들었다. 쏟아지는 욕을 뒤로 하고 그대로 사무실을 나와 다시는 돌아가지 않았다. 물론 인사팀에서 퇴사 처리를 해주어 월급과 퇴직금을 받을 수 있었다. 팀장 얼굴을 다시 보지 않아서 다행이었다. 두 번째 직장은 그렇게 정리가 됐다.

세 번째이자 마지막 직장이었던 곳은 연구를 목적으로 하는 공기업이었다. 고르고 고른 보석 같은 직장이었다. 누구나 알 만한 곳이고 가고 싶어 하는 곳이었다. 나는 "고생 끝, 행복 시작."을 외치며 출근했고 1년 넘게 그 평화를 누렸다.

내 업무는 '시설 관리'였다. 구체적으로는 외국인 대학생들에게 기숙사를 제공하고 관리하는 일이었다. 당시 기숙사 수용 인원이 적어서 민간 원룸을 임대해 기숙사처럼 쓰고 있었기에 민간 임대업자에게서 임대한 부동산도 관리했다. 자연스럽게 대학가의 동네 유지들과 친분이 생겼고, 그들과 이야기를 나누는 것은 또 하나의 재미였다.

내 평화의 근본적인 이유는, 내게 갑질을 하거나, 욕을 하거나, 하다못해 하소연이라도 하는 이가 아무도 없다는 것이었다. 내가 주로 상대하는 외국인 학생들, 민간 임대업자나 부동산 중개인들은 나에게 스트레스를 주는 일이 전혀 없었다. 그들에게 나는 갑의 대표였으니까. 친절은 내가 누릴 수 있는 서비스의 기본 값이었다.

●

처음으로 미래를 그려보기 시작하다
그러나 지뢰는 어디에나 있다

그 당시가 내게는 직장생활을 하며 미래를 그릴 수 있었던 유일한 때였다. 결혼이나 내집 마련이 더 이상 남의 일 같지 않았다. 높은 연봉에 안정적인 직장, 즐거운 일! 삼박자를 갖추었으니 드디어 나도 평범한 삶을 살 수 있을 거라고 생각했다. 하늘에서 떨어진 낙하산이 나를 쓰레기통에 처박기 전까지는.

어느 날 부서에 신입 직원이 들어왔다. 그는 내 친구의 친구였기에 그에 대해 조금은 알고 있었다. 그는 한때 불안정한 심리 때문에 병원을 다닌 적이 있었다. 그의 아버지는 대학 교수로, 부서장의 친구라고 했다. 그 사실을 알게 되자 어떤 사건의 서막이 열리는 듯한 서늘함이 느껴졌다.

"앞으로 잘 부탁드립니다, 선배님."

그의 인사는 깍듯했다. 그래서 나는 선입견 없이 대하기로 했다. 아는 사람이라 하나라도 더 알려주려고 노력했다. 그런데 언제부터인지 부서의 분위기가 이상해졌다. 처음에는 그가 나를 새침하게 대하는 듯하더니, 나중에는 부서원 전체가 나를 데면데면하게 대했다. 보름쯤 지났을 때 부서장의 호출을 받았다. 요점은 간단했다.

"자네가 후배들한테 갑질한다고 투서가 들어왔어."

부서에 후배는 단 한 명이었고, 나는 그에게 갑질이든 뭐든 한 적이 없었다. 업무상 알아야 할 것들을 알려주었을 뿐이었다. 억울해서 하소연이라도 하고 싶었지만 부서장은 듣지 않았다. 단지 "계속 그렇게 행동하다가는 인사에 불이익을 받을 거야."라고 경고했다.

나는 평정심을 찾기 위해 '조심하자! 조심하자!'를 되뇌었다. 어렵게 얻은 안락한 조직을 잃고 싶지 않았다. 최대한 신입을 멀리하고 내 자리를 지키자고, 안 좋은 일에 엮이지 말고 피하자고 스스로를 다독였다. 그때는 그 상황을 잘 헤쳐나갈 수 있으리라 확신했었다. 그러나 어느 가수의 노랫말처럼 슬픈 예감은 틀린 적이 없다.

낙하산 신입사원의 투서로
나의 모든 열정이 쓰레기통에 처박혔다

후배의 투서 이후 나는 조용히 내 일만 했다. 학생들에게 기숙사를 배정하고, 부족한 호실을 맞추기 위해 인근 부동산을 돌아다녔다. 누수나 화장실 막힘, 전기 이상, 문짝 교체 등 자잘한 문제들을 해결하러 다녔다. 모든 일이 잘 흘러갔고 아무 문제가 없었기에 인사에서 A 고과를 받는 것이 당연하다고 생각했다. 그런데 "모든 업무에서 손 떼라."는 지시를 받았다. 무슨 문제가 있냐고 물어도 부서장은 설명해 주지 않았다.

나는 D 고과를 받았다. 좋아하던 일에서 배제된 나는 서류에 도장을 찍고 부서를 오가는 일을 하며 무미건조한 하루하루를 보냈다. 매일 외근을 하며 사람을 만나던 일을 하다가 하루 종일 사무실에 있게 되자 갑갑해서 견딜 수가 없었다. 게다가 바뀐 업무에서는 혼자 해결할 수 있는 일이 하나도 없었다. 각 부서를 돌며 보고하고, 몇 개의 도장과 사인을 받은 후에야 일의 가부가 결정되었다. 각 부서에서 한두 마디씩만 거들어도 일은 한없이 늘어졌다. 부속품 같은 존재로 쳇바퀴 같은 일상을 반복하자니 숨이 막혀오기 시작했다.

내가 기숙사 관리에 재미를 느끼고 열정을 가지고 있었다는 사실을 깨달았지만 달라질 것은 없었다. 내가 하던 일은 신입에게 배정되었다. 그는 그 일을 하찮게 생각했고, 학생들의 하자수리 요청에도 짜증을 냈다. 임대인과 인테리어 업자들에게 전혀 친절하지 않았으며 갑 중의 갑으로 행세했다.

내가 만든 모든 업무 시스템과 네트워크가 하루아침에 쓸모없는 것이 되자 심한 자괴감이 밀려왔다. 결국 그렇게 막으려고 노력했던 공황장애가 재발했다. 어떤 날은 몸이 천근만근으로 무거워 출근길이 지옥 같았고, 어떤 날은 쏟아지는 잠을 이기지 못해 출근을 못 하기도 했다. 어떤 날에는 호흡이 곤란해서 조퇴를 하기도 했다. 누가 봐도 나는 '아픈' 사람처럼 보였다. 팀장은 조용히 나를 불러 병원에 가보거나 병가를 내라고 했다. 나는 우울증과 공황장애라는 병명을 진단 받았다. 직장생활 5년 차에 나는 공식적인 환자가 됐다.

4

돈(Money)

그래서 결론은 돈, 돈이었다!

3년 전 〈세상을 바꾸는 시간, 15분〉에 출연했을 때 우울증과 공황장애 때문에 자살을 생각했다는 이야기를 했다. 가족들이 큰 충격을 받게 될까봐 걱정했지만 감수하기로 했다. 삶이 힘든 누군가에게 '희망'을 이야기해 주고 싶었다. 쓸모없는 사람이 되어 낙담했던 나도 살 용기를 냈으니 당신도 살아보라고 말하고 싶었다.

다시 옥상 난간에 올라간 때는 세 번째 직장에 사표를 낸 직후였다. 정말 쉽지 않은 시간을 보냈다. 세 번째 직장에서는 '내 깜냥으로 이보다 더 좋은 직장을 찾는 것은 불가능하다'고 생각했기에 어떻게든 버텨보려고 했다. 회사도 내게 기회를 주었다. 무급 휴가로 몇 주를 쉬기도 했지만 결국 회사로 돌아가지 못했다. 우울증과 공황장애는 점점 더 심해졌고 영영 나을 것 같지 않았다. 약을 먹고 호전되거나 완치된 경우도 많다던데, 나에게는 전혀 효과가 없었다. 병가를 끝내고 죽이 되든 밥이 되든 출근을 해보자고 집밖으로 나가기도 했으나 딱 거기까지였다. 버스든 지하철이든 대중교통을 이용하는 것 자체가 불가능했다. 어딘가에서 쓰러져 죽을 것만 같았다.

'출근도 못 하는 내가 어떻게 일을 하겠어?'

나는 다시 잉여인간이 되었다. 돌고 돌아 결국 제자리였다.

10대 끝자락에서 한 발자국도 더 나아가지 못한 것이다. 죽을 각오로 또 다시 옥상 난간에 섰다. 더 이상 희망 따위는 없었다. 살기 위해 사표를 썼지만 무엇을 하며 살지, 어떻게 살지 알 수가 없었다. 세상에서 나 하나쯤 없어져도 아무 일도 일어나지 않을 것이 뻔했다. 그간 무수히 나를 일으켜 세웠던 거짓 희망은 진즉에 사라졌다. 초라한 불빛들을 바라보고 있자니 한숨만 나왔다.

'누가 나를 위해 울어줄까?'

떠오르는 얼굴은 어머니 정도였다. 지난 시간들이 떠올랐다. 행복하지 않은 가정에서도 자식을 지키기 위해 살아오신 어머니. 절약하면서 살면 더 나은 날이 올 거라고 굳게 믿고 사신 어머니. 마지막까지 나를 놓지 않았던 유일한 사람.

"괜찮아. 그까짓 회사 안 다녀도 돼."

세 번째 퇴사는 막아보려고 끙끙대던 내게 어머니는 괜찮다고 말씀해 주셨다. 회사를 다녀서 아픈 거라면, 그깟 회사 안 다녀도 된다고, 살아만 있으면 괜찮다고 어머니는 나를 위로했.

또 다시 눈물이 났다. 나를 사랑하는 어머니가 느끼게 될 고통이 그대로 전해졌다. 불효의 죄만큼은 짓고 싶지 않았다. 그래서 나는 다시 옥상에서 내려갔다. 이번에는 다리가 후들거리지 않았다. 죽음이 무섭지도 않았다. 그냥 살아보자고, 죽지는 말자고 결심했다.

●

나는 왜 죽을 만큼 불행한가?
나는 꿈조차 제대로 꾸지 못했다

직장생활을 끝내고 깨달은 것 중 하나는, 내가 쓸모 있는 사람이 아니라는 것이었다. 후하게 평가해 봐야 '유능한 소모품' 정도였다. 내가 직장을 나와도 내가 하던 일들에 어떤 문제도 생기지 않았다. 심지어 내가 열과 성을 다해서 빛냈던 일조차, 아주 무능한 신입의 손에서 그런대로 굴러갔다. 뛰어난 성과를 냈던 일들도 대체된 누군가가 하면 그만이었다. 나는 왜 애초부터 독립적이고 주체적인 직업을 선택하지 못했을까? 나는 처음으로 스스로에게 물어보았다.

그때까지도 나는 내게 맞는 일자리에 대해 깊이 있게 고민해 본 적이 없었다. 점수에 맞춰 전문대에 입학했고, 그나마 영어 점수가 괜찮아서 영어과에 간 것이다. 대학 편입은 눈치작전이었다. 관심 분야는 없었다.

일단 백지 한 장을 꺼내놓고 무엇이 되고 싶은지, 무엇을 할 수 있을지 써보았다. 그때까지 나는 A사 아니면 B사, B사 아니면 C사, 이런 식으로 조직에서 소모품으로 사는 것만 선택했었다. 더 이상은 그렇게 살고 싶지 않았다. 그렇다면 나는 무엇이 되고 싶은 걸까? 그때 파일럿과 변호사라는 직업이 떠올랐다.

대학교에 다닐 때 아르바이트비와 장학금을 모아 배낭여행을 갔었다. 그때 공항에서 마주친 파일럿과 스튜어디스들은 꽤나 멋졌다. 파일럿이 되어 전 세계를 누비는 상상만 해도 답답한 가슴이 뚫리는 듯했다. 변호사는 대중매체에서 보았던 선망의 직업이었다. 어릴 적 우리 가족은 빚쟁이에 쫓기며 살았는데, 영화나 드라마 속 변호사는 가진 것이 없는 이들에게 안전한 울타리가 되어주었다. 내가 변호사가 될 수 있다면? 상상만으로도 행복했다.

그러나 나는 파일럿이나 변호사가 될 수 없었다. 누군가는 꿈을 찾아 도전해 보라고 하지만, 그야말로 개소리였다. 현실적으로 불가능했다. 30대를 목전에 둔 내가 다시 시작할 수 있는 일은 그런 높고 멋진 일들이 아니었다.

그나마 다행인 것은 꿈을 찾는 과정이 내게 절망만 안겨주진 않았다는 점이다. 패배로 얼룩진 과거를 돌아보며 새로운 각성을 하게 됐다.

'내가 불행한 것은 흘러가는 대로 살아왔기 때문이 아닐까?'

그동안의 선택들은 최선이 아니었다. 기껏해야 차악(次惡) 정도였다. 대학생 때부터 나는 직업이 아닌 직장에 대해서만 고민했다. 회사에 들어가기만 하면 남들처럼 '평범한 삶'을 살 줄 알았다. 평범한 삶이 나에게 행복을 가져다 줄 것이라 착각했다.

'처음부터 주체적이고 독립적으로 할 수 있는 일을 직업으로 선택했다면 이렇게 죽고 싶을 만큼 불행한 상황은 오지 않았을 텐데……'

꼬리에 꼬리를 무는 질문을 던지며 나는 내 삶의 본질에 다가가고 있었다.

●

다시 인생을 살아간다, 그러나 다시 조직으로 돌아가진 않겠다

'왜 나만 견뎌내지 못했을까?'

풀리지 않는 의문이었다.

'조직은 부조리하다. 타인은 지옥이다. 조직에는 수천, 수만 명의 사람들이 있다. 그런데 왜 항상 나만 그곳을 견디지 못하는 걸까?'

사실, 어느 조직이든 나처럼 그만두는 이들이 있겠지만 견디고 버티는 이들이 더 많다. 나는 세 군데 조직을 거치면서, 남을 죽일 것 같은 분노와 내가 죽을 것 같은 공포를 느꼈다. 그래서 사표를 쓴 것이다. 그제야 '혹시, 조직이 아니라 내게 문제가 있는 것은 아닐까?'라는 합리적 의심이 들기 시작했다.

다행히도 이런저런 생각을 하는 사이 몸은 조금씩 회복되고 있었다. 어디든 가야 한다는 스트레스에서 해방되자 우울증과 공황장애 증상이 줄어들었다. 눌려있던 이성이 제 역할을 하면서 앞날에 대한 진지한 고민을 할 힘도 생겼다. 그때 나는 결심했다.

'다시는 회사로 돌아가지 않겠다.'

세 군데 직장을 다니며 죽을힘을 다해 노력했으나, 나는 행복하지 않았다. 꿈의 직장이라는 공기업에서조차 문제를 안고 퇴사한 후에야 직장을 바꾸면 행복해질 수 있다는 믿음을 버릴 수 있었다.

몸이 회복되자 일단 '과외 구함' 전단지부터 붙였다. 최소한의 밥벌이를 위해, 그리고 내가 쓸모 있는 존재라는 것을 확인하기 위해서는 일이 필요했다. 대학생 때 했던 과외는 그나마 좋은 경험이었다. 돈을 벌자고 한 일이지만, 학생과 학부모에게 "덕분에 성적이 올랐어요. 고맙습니다."라는 인사를 들을 때면 뿌듯했다. 과외를 통해 바닥난 자존감이 회복되길 기대했다.

운동도 시작했다. 수영장에 가서 20바퀴씩 돌았다. 강습반 회원들이 모여 수다를 떨고 밥 약속을 잡을 때는 조용히 탈의실로 향했다. 사람들과 어울려 시간을 보낼 만큼 한가롭지 않았다. '살 길'을 찾는 데 도움이 되지 않는 일에 시간을 쓸 수는 없었다. 조급한 마음을 달래기 위해 더 바쁘게 움직였다.

'몸이 편해지는 일상은 살지 않겠다.'

회사를 그만둔 죄책감을 덜기 위해 보통의 회사원처럼 아침 7시 전에 일어나 밤 11시 이후까지 끊임없이 무언가를 했다. 자투리 시간이 나면 어학 공부를 하든 사설 학원을 다니든 계속 공부했다. 조직에서 성공하기 위해 끊임없이 자기계발을 하듯 성공하기 위해서는 뭔가를 해야 했다. 나는 철저하게 기상시간과 취침시간을 지키며, 숙제를 하듯 매일매일의 삶을 일과표대로 살아냈다.

평범한 삶을 살 필요는 없다
원하는 삶을 살 방법을 찾아라

"결국 돈이구나!"

대부분의 사람들은 원하는 것을 얻으면 행복하다고 말한다. 당연하다. 그런데 그 '원하는 것'이 도대체 무엇인가? 나는 30년을 넘게 사는 동안 내가 원하는 것이 무엇인지 정확히 알지 못했다. 아니, 알고 있다고 착각하고 살았다.

몇 번이나 말했던 것처럼 '평범한 삶'을 살면 행복할 줄 알았다. 그래서 각양각색으로 불행이 닥쳐왔을 때, 남들에게는 일상인 '평범한 삶'을 나는 왜 살지 못하는지 한탄하기만 했다. 그러나 진실은 그게 아니었다. 나는 '평범한 삶'도 살아내지 못하는 사람이었다. 많은 이들이 견디는 일상(비록 그것이 남루하고 부조리한 것일지라도!)을 나는 견디지 못한 것이다. 이유는 간단했다. 내가 원하는 삶은 '평범한 삶'이 아니었기 때문이다.

나는 '자유로운 삶'을 원했다. 누군가의 지시와 명령대로 움직이지 않아도 되고, 남들이 정해놓은 규칙과 목표를 위해 무조건 달리지 않아도 되는 삶! 당연하게 따라오는 선배와 상사, 동료의 잔소리를 참지 않아도 되고, 내가 하고 싶은 일을 맘껏 할 수 있는 삶, 나는 그런 삶을 원했다.

실제로 나는 아무리 하찮은 일이라도 스스로 결정한 일에는 책임감을 느꼈고, 그것이 세상에서 가장 소중한 일인 것처럼 그 일을 해냈다. 일을 즐길 수 있었고, 여유가 생겼고, 주변 사람들에게도 친절했다. 그래서 더더욱 조직과는 맞지 않았다. 조직에서는 내게 재량권을 주지 않았고, 주었다가도 금세 빼앗아갔다. 자기들의 룰을 따르기 힘들어하는 나를 철저히 배척했다. 덕분에 나는 인생 초년의 귀한 6년을 루저로 살 수밖에 없다는 걸 깨닫는 데 허비했다.

'자유를 얻기 위해 무엇을 해야 하나?'

의외로 답은 간단했다. 돈만 있으면 됐다. 대한민국에서 살면서 내가 만난 자유인들은 모두가 부자였다. '마음이 부자'라는 감성팔이 위로는 집어치우자. 진짜 부자는 현실에 있다. 남의 말에 휘둘리지 않고 자신의 시간을 원하는 대로 쓸 수 있고, 원하는 것을 얻기 위해 거리낌 없이 돈을 낼 수 있다. 나도 그들처럼 살고 싶었다.

나는 온전한 몸과 마음이 되었을 때 부자가 되기로 결심했다. 직장에 다닐 때보다 더 열심히 부자가 되는 길을 찾아 나섰다. 책을 읽고 강의를 들었다. 그들이 알려준 대로 사업과 투자를 위해 바닥까지 뒤지며 다녔다.

안타깝게도 《부자 아빠 가난한 아빠》나 《부의 추월차선》에서 강조하던 사업은 시작하지 못했다. 남들은 쉽게 찾는다는 아이템을 나는 찾을 수 없었다. 그렇다고 프랜차이즈 점주가 되고 싶지는 않았다. 그 이유는 누구나 알 거라고 생각한다.

나는 투자에 몰두했다. 직장에 다닐 때 손을 댔다가 원금까지 말아먹은 주식은 일찌감치 제외시켰다. 주식은 나 같은 유리멘탈이 도전할 영역이 절대 아니었다. 그래서 인플레이션 상승률보다 높은 수익을 가져다준다는 부동산을 해보기로 했다. 부동산은 '작전 세력'이니 '개미'니 하는 말이 통용되지 않는 비교적 투명하고 합리적 시장이라는 데 마음이 갔다. 처음에는 경매로, 목돈이 마련됐을 때는 분양권 투자로, 다음에는 아파트와 상가로 투자처를 옮기며 돈을 굴렸다.

흔히 실수나 실패 후 성공에 이르렀을 때 '시행착오(試行錯誤)'란 말을 쓴다. 국어사전을 찾아보면, 시행착오에는 '학습 원리의 하나'라는 부연설명이 있다. 학습자가 목표에 도달하는 확실한 방법을 모르는 채 본능, 습관 따위에 의하여 시행과 착오를 되풀이하다가 우연히 성공한 동작을 계속함으로써 점차 시간을 절약하여 목표에 도달할 수 있게 된다는 원리이다. 시행착오는, 내가 '얼음공장의 반백수 프로젝트' 유튜브 채널을 열기까지 투자자로 살았던 10여 년의 시간을 가장 잘 정의하는 단어이다. 투자를 몰랐던 나는 시행과 착오를 되풀이했고, 끝내 원하는 것을 이루었다.

"저도 할 수 있을까요?"

유튜브 댓글이나 강의장에서 이런 질문을 받는다.

"당연히 되죠. 저 같은 XX도 했는데 왜 못하겠어요?"

유튜브에서도, 강의장에서도 다 내뱉지 못한 말들이 내 안에 잔뜩 쌓여있다. 그 말들을 글로 정리하며 여기까지 왔다.

가진 것이 없어서, 배운 것이 없어서, 건강이 허락하지 않아서, 이런저런 이유로 세상의 멸시와 조롱을 받는 이들이 '경제적 자유'를 얻어서 원하는 삶을 살면 좋겠다. 가난했고, 배운 게 없고, 건강이 나빠서 실제로 멸시와 조롱을 당했던 나의 솔직한 마음이다.

경제적 자유를 얻기 위해서는 크게 세 가지가 필요하다. 투자에 대해 제대로 된 지식을 쌓아야 하고, 인생을 바꾸기 위한 스텝을 착실히 걸어야 하고, 자신을 끊임없이 점검해야 한다. 이것만 갖추면 두려울 것이 없다. 누구든 원하는 삶을 살 수 있다.

그러나 이걸 몰랐다. 고백하건대, 투자를 시작하고 상당 기간 동안 진짜 투자가 무엇인지 몰랐다. 배운다고 배웠으나 누구도 투자의 '제대로 된 길'을 알려주지 않았다. '우연히' 찾게 된 성공방식을 내 것으로 만들고서야 잘못된 지식에서 벗어날 수 있었다. 현장에서 본능에 따라 했던 행동들이 좋은 결과로 이어진 경우도 많았다.

이제 다음 장으로 나아갈 때다. 내가 시행착오 끝에 정리한 '진짜 투자를 위한 것들', 이제 그 이야기를 풀어보려 한다.

2장

당신은 투자를 모른다

1

가장 큰 리스크는 월급쟁이로 죽는 것이다

"월급이 오르면 더 나은 삶을 살 수 있지 않을까?"

기대와 희망이 있는 삶은 좋은 것이다. 그러나 직장생활에서 '배신감'을 느낄 기회를 만난다면, '더 나은 삶은 없을지도 모른다'는 의심을 품어보길 바란다.

강연장에는 각양각색의 사람들이 모인다. 기대와 희망에 부푼 사람이 있는가 하면, 절망과 분노가 가득한 사람도 있다. 아직 해결하지 못한 울분으로 강연장을 찾는 사람도 있다.

그중 기억에 남는 사람이 있다. 그는 10년 가까이 출판사에서 일했다. 대기업처럼 살벌한 경쟁이 난무하는 곳이 아니어서 좋았다고 했다. 흔히 말하는 가족 같은 분위기라 회사에 대한 애정도 특별했다. 때문에 적은 월급에도 큰 불만 없이 일했다. 의외의 사건으로 그의 애사심이 시궁창에 처박히기 전까지는 말이다.

이름만 대면 알 만한 베스트셀러 몇 권이 동시에 출판된 것이 사건의 발단이었다. 처음에는 모든 직원들이 성공을 축하하며 잔칫날 같은 날들을 보냈다. 수입이 늘어난 출판사는 새 사옥을 계약하고 전 직원에게 인센티브도 지급했다. 직원들 사이에서 "이번에는 우리도 연봉 인상할 수 있겠지?" 같이 은근히 기대하는 목소리가 가득했다. 최근 영입한 사원들의 연봉이 자신들보다 월등히 높다는 소문이 퍼졌기 때문이었다.

결과적으로 직원들의 기대는 산산이 부서졌다. "회사 사정이 좋아지면 급여를 올려주겠다."는 오래된 약속은 지켜지지 않았다. 인사팀장은 "최대한 신경 써준 것."이라며 종전과 같은 상승폭을 고수했다. 직원들은 삼삼오오 모여 "연봉 협상 때마다 회사 사정 운운했던 건 새빨간 거짓말이었던 거야?"라며 배신감을 토로했다.

회사에서 연차가 높은 편인 그는 자신이 적극적으로 이야기해 보겠다며 인사팀장을 만났다. "급여를 올려주시지 않으면 저도 다른 출판사를 알아볼 수밖에 없다."고 으름장을 놓았다. 인사팀장은 사장님께 보고해 보겠다며 한 발 물러서는 듯했다. 그러나 사흘 후 돌아온 대답은 "아쉽지만 어쩔 수 없다."였다. 그는 자신의 귀를 의심했다.

'오늘 아침에도 사장님과 반갑게 인사를 나누고 새 책 이야기를 했는데, 사장님이 연봉 협상을 거부하다니······.'

결국 그는 사표를 내고 다른 출판사로 이직했다. 더 이상 미련은 남지 않았다. 그러나 그 이후 들려온 소식에 그는 실망을 넘어 참담함을 느꼈다. 회사를 떠난 직원들의 자리에 대형 출판사의 직원들을 스카우트해 앉혔다는 것이다. 높은 급여와 파격적인 복지가 스카우트 조건이었다고 한다.

"덕분에 제 자신이 소모품, 그것도 작은 회사에나 맞는 소모품이라는 걸 깨닫게 된 거죠."

그의 논리에 의하면, 모든 월급쟁이는 회사의 소모품이다. **작은 회사에서 일하는 이는 작은 소모품, 큰 회사에서 일하는 이는 큰 소모품이라 할 수 있다.** 작은 회사가 큰 회사로 바뀌면 소모품도 교체되는 게 당연하다. 드물게 작은 회사가 큰 회사가 되는 경우가 있는데, 이때 작은 소모품들은 쫓겨나다시피 사표를 써야만 한다.

"저는 더 이상 싸우지 않기로 마음먹었어요. 큰 소모품이 되겠다며 애쓰지도 않으려고요. 대신 제가 만든 제 길을 가려고 해요. 제 인생을 살려고요."

그의 결심을 듣고 있자니, 10여 년 전 회사를 그만 두고 투자의 세계로 들어온 내 모습이 떠올랐다. 그와 달리 나는, 작은 회사의 작은 소모품에서 큰 회사의 큰 소모품이 되려고 무진 애를 썼다. 어렵게 큰 회사의 큰 소모품이 되어 기뻤던 적도 있었다. 그러나 바뀐 것은 없었다. 지속적으로 조직에서 배신을 당했고, 경제적 자유는 꿈도 꾸지 못했다.

꿈부터 깨라!
이직한다고 바뀌는 건 없다

　61킬로그램. 마지막 직장을 그만둘 때 인생 최저 몸무게를 찍었다. 고등학교를 마치고 모래주머니를 달고 뛸 때도 그만큼 빠지지는 않았는데 말이다. 역시 최고의 다이어트는 '마음고생'이다.

　회사는 내게 전쟁터 같았다. 그나마 다행인 것은 퇴사를 통해, 직장을 바꾸면 내 삶도 바뀔 거라는 '헛된 기대'를 끝낼 수 있었다는 것이다.

　월급쟁이 시절, 나는 모든 문제가 '회사' 때문이라고 생각했다. 적은 월급을 주고, 하루에 14시간씩 부려먹고, 직원을 무한 경쟁에 몰아넣는 회사가 늘 문제였다. 문제가 많은 회사를 다녔기 때문에 고과를 잘 받기 위해 선배들에게 굽실거려야 했고, 성과를 내려 안간힘을 써야 했고, 건강을 돌볼 틈도 없이 회사에 올인해야 했다. 그래서 다음 목표는 문제가 없는 회사를 찾는 것이었다. 좋은 회사에 가면 당연히 더 행복해질 줄 알았다.

　남들보다 운이 좋았던 나는 매번 더 좋은 회사로 이직을 할 수 있었다. 그러나 이미 앞에서도 말했다시피 바뀐 것은 없었다. 내가 다녔던 마지막 회사는 많은 사람들이 동경했고, 간절히 원했던 좋은 회사였다. 급여도 높았고, 직장도 안정적이었다. 무한경쟁으로 나를 내몰지도 않았다. 근무 환경이 안정적이니 사람들도 여유가 있었다. 미묘한 갈등 관계도 없었다. 그럼에도 나는 행복하지 않았다.

표면적인 이유에는 여러 가지가 있었다. 후배의 모함에 시달렸고, 좋아하는 일을 빼앗겼다. 그래서 동료들의 수군거림을 들어야 했고 정신과 상담도 받아야 했다. 하지만 다시 생각해 보면, 모든 것이 회사 탓만은 아니었다. 만일 내 자리에 자기계발서의 주인공 같은 인물이 있었다면, 후배의 모함을 '극적 갈등을 해결하는 경험담'으로 승화시키고, 완전히 새롭게 맡겨진 일을 '자신의 새로운 재능을 발견하는 기회'로 삼았을 것이다.

나는 그러지 못했다. 존재 가치를 부정당하는 듯했고, 마음에 깊은 상처를 입었다. 내가 쓸모없는 사람이 된 것 같았고, 새로운 일에 적응하지 못했다. 그래서 우울증과 공황장애에 시달렸던 것이다. 복기에 복기를 거듭할수록 문제는 '나'였다는 것을 인정할 수밖에 없었다. 내가 변하지 않는다면 문제는 사라지지 않는다. 결국 이직은 아무런 효과도 없는 처방전이었을 뿐이다.

물론 다행인 점도 있다. 더 늦기 전에, 더 상처 받기 전에, 더 낙심하기 전에 이직을 포기했다는 것이다. 당치도 않은 자기계발을 해보겠다고 참고 견뎠다면, 나는 결국 옥상 난간에서 '하늘 날기'를 선택했을 것이다(만일 지금도 어딘가에서 하늘을 나는 법을 시연하고 싶은 월급쟁이가 있다면, "회사부터 때려치우라."고 조언해 줄 것이다. 회사는 아무것도 아니다. 생명과 맞바꿀 만한 가치가 있는 것은 아무것도 없다).

월급쟁이들은 이직이 자신의 삶을 더 낫게 만드는 좋은 방법이라고 생각한다. 직장생활 3년 차쯤 이직하면 연봉을 꽤 올릴 수 있을 거라 기대한다. 그러나 그게 뭐? 크게 달라지는 게 있을까? 그 돈으로 원하는 삶을 살 수 있을까? **꿈부터 깨라. 이직한다고, 좋은 직장에 들어간다고, 달라지는 건 아무것도 없다.** '더 열심히 일하면 좋은 곳에 갈 수 있다.'는 뻔한 자기계발 레퍼토리에 속지 마라. 장담컨대, 바뀌는 건 없다. 그렇게 쉽게 바뀔 것 같았으면, 그렇게 쉽게 끝날 것 같았으면, '과로사'가 왜 사회문제가 되었겠나? 무작정 견디는 일 따위 당장 때려치워라.

냉정하게 말해서 우리는 사회생활을 통해 작은 소모품에서 큰 소모품으로 거듭나고 있을 뿐이다. 한국 사회에는 소모품의 가치가 너무 쉽게 정해진다. 당신의 가치는 학벌과 토익 성적, 그리고 갖가지 스펙에 의해 평가될 뿐이다. 큰 회사에서는 가치가 큰 소모품을 원한다. 경력을 쌓는 일은 작은 소모품에서 큰 소모품으로 바뀌기 위한 피나는 과정일 뿐이다.

그럼에도 운이 좋아서, 능력이 출중해서, 인맥이 좋아서 이직에 성공했다고 치자. 그곳이 천국일 거라는 기대는 접는 것이 좋다. 조직 문화란 다양한 제약과 제재의 총합이다. 조직 문화를 따른다는 것은 팔다리를 자르고 조직에 맞는 사람으로 거듭난다는 뜻이다.

세상에 공짜는 없다. 어느 조직이든 당신이 흘린 피, 땀, 눈물만큼의 월급을 당신 통장에 꽂아준다. 월급을 더 주는 곳이라면 더 많은 피, 땀, 눈물을 당신에게 요구할 것이다. 당신은 얼마나 준비가 돼있나? 준비가 되었다고 자신할 수 있나? 그렇다면 이전 조직에서는 왜 견디지 못했나? 일단 부딪혀 보겠다는 마음으로 막연한 희망을 품지 마라. 내가 갔던 대부분의 길 끝에는 한 방울의 희망도 남아있지 않았다.

남들처럼 벌어서 쓰고 싶어도 월급은 늘 부족하다

세상에는 운이 좋은 사람들이 있다. 당신도 그중의 한 명이 될지도 모른다. 그래서 매주 수십억에 달하는 로또가 팔려나가는 것이다. 당신은 승진을 할 수도 있고, 이직에 성공할 수도 있다. 그래서 월급이 오를 수도 있고 지난달보다 오늘 더 여유롭게 살 수도 있다. 그러나 몇 개월만 지나면 당신은 여지없이 '월급이 왜 이렇게 적지?'라는 혼잣말을 되뇌게 될 것이다. 왜? 월급쟁이들의 월급은 항상 적기 때문이다(누군가는 이를 세계 5대 미스터리라며 블랙 유머를 날렸다).

왜 당신의 월급은 항상 적을까? 월급쟁이의 삶을 찬찬히 들여다보면 이유를 알 수 있다.

우선 월급쟁이 상당수의 월급이 절대적으로 적다. 2022년 통계에 따르면, 근로자 100명 중 12명만이 대기업 정규직만큼의 월급을 받는다. 88명은 대기업의 비정규직, 중소기업의 정규직, 중소기업의 비정규직이다. 최근 일자리가 늘어나는 추세라고는 하지만, 중소기업 비정규직이 14% 늘어난 데 비해 정규직은 1%도 증원되지 않았다. 대기업과 중소기업의 급여는 100:54이다. 12명의 대기업 정규직이 100만 원을 받을 때 88명의 중소기업 정규직은 54만 원을 받는다. 중소기업의 비정규직 월급쟁이라면 거기서 10만 원이 더 깎인다. 물론 이러한 월급쟁이의 양극화가 어제오늘의 일이 아니라고 생각하지만 그렇지 않다. 1980년 대기업의 월급쟁이들은 평균적으로 10% 정도 더 받았지만, 2008년에는 50%나 더 받기에 이르렀다. 대부분의 월급쟁이가 작은 조직에서 작은 소모품으로 살고 있으니, 당신의 월급도 절대적으로 적을 가능성이 매우 높다.

다음으로는 돈을 너무 써대는 통에 늘 돈이 부족한 것이다.
만일 당신이 적게 받고 적게 쓴다면 월급이 적다고 느끼진 않을 것이다. 그러나 그게 어디 말처럼 쉬운가?

인간은 사회적 동물이라고 고대 철학자 아리스토텔레스가 말했다. 그래서 자신이 속한 사회의 평균에 맞춰 살아가게 된다. 그것을 우리는 '무리에 동화된다'고 표현한다. 동화되는 문화에는 소비도 포함된다. 집단에 의해 공유되고, 거기에 나를 맞춰야 안정감을 느낄 수 있다.

일례로 회사에 있는 40대 중반의 중간 간부들을 보라. 수도권의 30평 아파트를 선망하고 자동차는 그랜저 이상으로 키 맞추기를 한다. 점심을 먹고 우르르 몰려가 커피를 사 마시는 소비문화도 즐긴다. 이렇게 문화에 젖어들면, 쓰지 않아도 되는 돈을 쓰게 되고, 사지 않아도 되는 것을 사게 된다. 통장 잔고는 자연스럽게 바닥을 드러낸다.

월급쟁이가 승진을 하거나 이직해서 숨통이 트이는 것은 아주 잠깐이다. 월급이 오른다고 해도 소비는 그 이상으로 늘기 마련이다.

"그래도 사놓은 아파트가 올라서 웃음이 절로 납니다."

이 소리를 듣고 나는 "지나가던 개가 웃겠다."고 답했다. **집값이 오르면 당신 것만 오를까? 지나가던 개의 집값도 올랐을 것이다.** 모든 것이 오르는 인플레이션이 불러오는 '자산이 늘었다'는 착각에 빠지게 되면, 자신이 서서히 거지가 되어가고 있다는 사실을 깨닫지 못한다. 남들처럼 벌고, 남들처럼 가지고, 남들처럼 써댄다면, 돈은 늘 부족할 수밖에 없다.

끓는 물에 빠진 개구리와 같은 삶
월급쟁이로 죽는 것이 가장 위험하다

대한민국 사람이 짊어진 가장 큰 리스크는 월급쟁이로 죽는 것이다. 나도 20대 때 대기업에 목을 매는 월급쟁이였다. 그러나 투자를 공부하고 실천하며 진짜 리스크에 눈을 뜨게 됐다. 월급쟁이의 삶은 끓는 물속의 개구리와 같다. 따뜻해진 물에 노곤해져서 정신을 차리지 못하다가 어느 순간 목숨을 빼앗기고 만다.

물론 월급쟁이의 삶은 결코 쉽지 않다. 최소 하루 8시간 이상 일해야 하고, 업무에 필요한 자격도 갖추어야 한다. 성공을 통한 경제적 자유를 꿈꾼다면 더 많은 자질이 필요하다.

회사가 조직원을 판단할 때 가장 중요하게 보는 것이 '충성심'이다. 충성심이 없다면 팀장도 임원도 될 수 없다. 회사가 측정하는 충성심의 척도는 시간과 성과가 만드는 교집합의 양이다. '많은' 시간을 들여 '충분한' 성과를 내는 자만이 충성심을 인정받고 임원이 될 수 있다.

그러나 통계적으로 99.9%의 월급쟁이는 등기 임원이 되지 못한다. 대기업에서 이사(상무)가 될 확률도 0.8%에 불과하다. 그마저도 2년 계약직으로 파리 목숨이다. 월급쟁이가 경제적 자유를 획득할 수 있는 유일한 길은 바늘귀만큼 좁다. **희박한 가능성에 기대어 자신의 전부를 직장에 쏟아붓는 사이, 인플레이션은 월급을 착실히 갉아먹는다.** 월급쟁이의 가난한 삶은 여기서부터 시작된다.

보통 월급쟁이에게 재테크는 유행 그 이상도 이하도 아니다. 주식도 부동산도 코인도 유행으로 왔다간다. 누군가 돈을 벌었다고 하면 반짝 관심을 가졌다가, 일상의 자잘한 일들에 금세 잊게 된다. 게다가 다람쥐 쳇바퀴 같은 치열한 하루하루는 '시급하지는 않지만 중요한 문제'를 해결할 시간을 허락하지 않는다. 내집 마련보다는 눈앞의 실적 보고서가, 여름휴가 계획보다는 경쟁사의 신제품 전략이 더 중요하다.

2년 혹은 4년마다 돌아오는 전세금 만기일에는 잠깐 문제의식이 생기지만, 회피할 방법은 널려 있다. 법으로 정해진 전세금 인상 한도 5%는 대출로 막으면 된다. 계약이 종료되면 조금 먼 곳으로 이사를 가면 그뿐이다. 손쉬운 방법으로 문제를 덮어버리는 사이, 물은 점점 끓어오르고 곧 내 목숨을 위협하게 된다.

월급쟁이 삶의 끝에는 무엇이 기다리고 있을까? 통계적으로

OECD 기준 우리나라 실질 은퇴 연령(임시직·자영업 포함)은 72.3세(2018년 기준)이고, 노인 빈곤율은 38.2%(2023년 기준)에 달한다. 이것은 대한민국에 사는 우리가 무엇을 기대하든, 그것이 실현될 가능성이 눈곱만큼도 없다는 것을 보여준다.

은퇴 연령이란 '사회생활에서 완전히 손을 떼는 나이'를 말한다. 사회적으로 번듯한 회사에서 물러나는 것을 '퇴직'이라고 하는데, 은퇴 연령과 퇴직 연령은 완전히 다른 의미이고, 시기도 상당한 차이가 있다.

대한민국의 은퇴 연령이 72.3세라는 건, 원치 않아도 72.3세까지 노동 시장에 남는다는 사실을 보여준다. OECD 국가 중 가장 늦은 나이다. 그런데 우리나라 사람들의 평균 퇴직 연령은 49세다. 번듯한 회사에서 나와 노동 시장에서 완전히 떠나기까지 무려 23년 동안 일을 해야 한다. 왜? 일이 재밌고 직장이 즐거워서? 비교적 젊은 나이에 은퇴하면 무료하고 심심할까 봐?
아니다. 가난해지지 않기 위해서다.

이에 대한 방증이 노인 빈곤율이다. 노인 빈곤율은 65세 이상 노인 중 가처분 소득이 중위소득 50% 미만인 비율을 의미한다. 우리나라의 노인 빈곤율은 앞서 말했듯 38.2%로 역시나 OECD 국가 중 가장 높다. 낮은 임금과 적은 기초연금 때문에 노인 빈곤율도 점점 높아지는 추세다.

정리해 보자. 우리나라 월급쟁이의 미래는, 현직에서 49세까지 일한 다음 그보다 덜하거나 못한 직장에서 72세까지 일을 하는 것이다. 그리고 10명 중 4명은 노인 빈곤층으로 전락해 가난하게 살아야 한다. 이러한 비극적 결말은 월급을 갉아먹은 '인플레이션'이 물을 끓어 올리는 것도 모른 채 직장과 월급이 주는 따뜻함에 취해 '성실한 월급쟁이'로 살아가고 있는 당신이 맞게 될 미래다.

2

왜 돈을 빼앗기고만 있는가

"아파트 값이 오른 것을 보니 억울해서 잠을 잘 수가 없다. 아내는 정신과라도 가봐야 되는 거 아니냐고 성화다. 어쩌면 좋은가?"

지인의 사연은 간단했다. 자신과 모든 것이 엇비슷한 고향 친구와 시작은 비슷했다. 서울의 4년제 대학을 나왔고, 자신과 같은 직장을 다녔다. 결혼생활도 비슷한 시기에 시작했다. 최근 친구와 자신의 자산이 6억 원 이상 차이가 나는 것을 확인했다. 지인은 화병에 걸릴 것 같다고 솔직한 마음을 털어놨다.

지인의 친구는 20년 전에 영등포구의 24평 아파트를 장만했다. 지하철역에서 15분 정도 걸리는 오래된 아파트였다. 아파트로 가는 길에는 철공소 같은 건물들이 즐비해서 지인의 눈에는 전혀 좋아 보이지 않았다. 하지만 친구는 만류에도 불구하고 빚까지 얻어 그 아파트를 샀다. 지인은 속으로 친구의 멍청함을 욕하며 자신은 애들 키우기 좋다는 목동에서 30평대 전세로 신혼 살림을 시작했다.

지인은 20년간 빚 없이 목동에서 아이를 키우며 살았다. 친구가 이자를 감당하느라 허덕일 때도 자신은 마음 편히 지냈다. 저축한 돈으로 꼬박꼬박 전세금도 착실하게 올려주었다. 얼마 전부터는 아이들이 대학에 들어가면 모은 돈으로 청약이라도 넣어볼까, 희망을 가지기도 했다. 오랜만에 친구를 만난 지인은 자랑 삼아 청약 이야기를 꺼냈다가 깜짝 놀랄 소식을 들었다. 2억이었던 친구의 낡은 아파트가 8억 5,000만 원까지 올랐다는 것이다.

"목동도 아니고. 공업지역 귀퉁이에 있던 낡은 아파트가 그렇게나 많이 올랐다니……. 나는 그마저도 없이 은퇴를 맞게 생겼네. 내가 인생을 잘못 산 건가?"

소크라테스는 "유일한 선은 앎이요. 유일한 악은 무지이다."라고 말했다. **지인의 유일한 죄는 무지였다. 그의 억울함도 무지에서 비롯된 것이었다.**

지인이 흘려보낸 20년 동안 대한민국에서는 무슨 일이 있었는가. 2004년에 2,510원이었던 최저 시급은 2025년에 10,030원으로 무려 4배나 올랐다. 지인은 친구가 산 2억 원짜리 아파트가 8억 5,000만 원까지 올랐다고 거품을 물고 말했지만 그래봐야 4.25배 오른 것에 불과하다. 최저 시급 상승분과 비슷하게 올랐을 뿐이다.

인플레이션은 자본주의 사회에서는 반드시 나타날 수밖에 없는 법칙과 같은 것이다. 이자를 지급하는 동안 화폐는 늘어난다. 지폐 대비 증가수가 크지 않은 재화와 서비스의 가격은 인플레이션의 포화 속에서 그 값을 올린다.

극단적으로 인플레이션은 강도다. 그런데도 대부분은 그것을 잘 느끼지 못한다. 왜? 꾸준히 오르는 재화의 가격을 수시로 확인하는 데는 시간과 에너지가 들기 때문이다. 대부분 사는 데 바빠 눈을 감고 귀를 닫고 살아간다.

가끔 눈을 뜨고 귀를 열 때가 있기는 하다. 대한민국 성인이 아파트를 사고파는 건 평균적으로 11년에 한 번이다. 그때 잠깐이다. 인플레이션이라는 강도랑 딱 눈을 마주치는 시간이다.

그런데 이상한 점이 있다. 인플레이션이라는 강도를 만난 사람들의 반응이다. 일반적으로 강도를 만난 사람들은 "강도 잡아라!" 소리 치고 강도를 당하지 않게 금고를 사고 울타리를 친다. 그런데 인플레이션이라는 강도를 만난 사람들은 그렇지 않다. "강도가 지나갔다."며 앉아서 한탄만 한다. "그때 금고를 샀어야 했는데.", "그때 울타리를 세워야 했는데." 이런 후회만 한다. 인플레이션이라는 강도를 대면한 사람들의 천편일률적인 반응이다.

자본주의의 룰을 알아야 한다. 부자가 되고 싶다면 인플레이션이라는 강도부터 막아야 한다. 자본주의 사회에서 부자가 되는 사람들은 인플레이션이라는 강도를 잘 막는 존재들이다. **인**

플레이션이라는 강도를 잘 막지 못하는 사람들은 계속 가난하게 살 수밖에 없다.

친구가 산 아파트 가격이 올라서 배가 아프고, 머리가 아프고, 잠을 못 자겠다? 그래, 사촌이 땅을 사도 배가 아픈데 그 정도면 엄청나게 아파서 잠을 못 잘 지경인 건 당연하다. 그러나 생각해 보자. 앞으로는 어떻게 될 것 같나? 친구에게는 아파트가 있고 당신은 없다. 인플레이션은 계속해서 일어날 텐데 누가 더 유리할까? 누가 강도에게 계속 돈을 빼앗기고 살게 될까? 상상만 해도 등골이 오싹하지 않나? 그럼 이제부터 뭘 해야 할까?

자본주의를 알아야 한다. 경제 공부를 해야 한다. 인플레이션을 막아줄 자산을 마련해야 한다. 그래야 강도 걱정 없이 두 다리 쭉 뻗고 잘 수 있을 것이다.

결론적으로 강도를 대비해야 하는 지인이 가야 할 곳은 정신과가 아니라 강의장이다. 수면제를 먹으면 잠은 잘 수 있겠지만 후회와 자책감, 그리고 '나만 계속 잃어버리고 있구나.' 하는 억울함은 누구도 해결해 주지 못할 테니 말이다.

인플레이션은 공기와 같다
언제 어디에나 있지만 당신이 모를 뿐

"그런데 부동산 대폭락이 곧 시작될 거라던데요?"

아직도 부동산 대폭락을 기대하며 현금을 쌓아두는 이들이 있다. 중학교 때 배운 가격 결정 이론을 떠올려보자. 가격을 결정하는 것은 수요와 공급이다. 수요는 적은데 공급이 많으면 가격은 내려가고, 수요는 많은데 공급이 적으면 가격은 올라간다.

요즘 같은 글로벌 시대에 전쟁은 수요와 공급의 불균형을 일으키는 대표적인 원인이다. 우크라이나 전쟁, 이스라엘-팔레스타인 전쟁은 지구 반대편에 사는 우리 삶에도 영향을 미친다. 우리나라는 에너지부터 식품, 의료, 제조업 부품까지 다양한 분야에서 수입에 크게 의존하고 있다. 무력 충돌로 수입에 제재가 가해지거나 수출입에 문제가 생기면 국내 업체도 영향을 받고 가격이 오른다. 그러나 이러한 수급 불균형에 의한 물가 인상은 길게 보면 '일시적'이다. 평화협정으로 불시에 '문제'가 해결되거나 경쟁사가 나타나 제품 생산을 늘리면 자연스럽게 해결된다.

물가와 관련한 용어는 크게 세 가지다. 인플레이션, 디플레이선, 스태그플레이션이 있다. 현실 세계에서 물가가 떨어지는 디플레이션과 물가가 정체되는 스태그플레이션은 인플레이션에 비해 자주 나타나지는 않는다. 우리의 돈을 빼앗아 가는 인플레이션은 수요와 공급보다는 '늘어나는 화폐'에 더 큰 영향을 받는다. 시중에 돈이 꾸준히 풀리면서 우리는 인플레이션을 여러 번 겪었고, 그에 따라 자산 가격도 지속적으로 상승해 온 것이다.

그렇다면 돈은 왜 자꾸 불어나기만 할까? 가장 주된 이유는 정부가 계속해서 화폐를 찍어내기 때문이다. 정부에서는 경기 부양, 사회안전망 확충 등의 이유로 돈을 사용한다. 세금으로 충당하지 못하면 화폐를 발행해 자금을 마련한다. 지난 코로나 시국을 보자. 2019년부터 2년간 우리나라 정부의 국가 부채는 250조 원이나 늘었고, 같은 기간 미국 정부의 부채도 5조 7,000억 달러 증가했다. 그 돈이 다 어디서 왔을까? 정부에서 돈을 새롭게 찍어서 가정과 기업에 보조금 명목으로 살포한 것이다. 돈을 받은 국민들은 생필품을 사느라 지출을 계속한다. 그만큼 시장에 돈이 쌓이게 되면, 수요와 공급의 원리에 의해 물건 값은 올라가게 된다. 엎친 데 덮친 격으로 코로나19와 같은 사태를 맞아 영업장이 폐쇄돼 물건을 만들지 못하면 물가는 더 가파르게 올라간다

인플레이션을 일으키는 두 번째 원인으로 자본주의의 꽃이라고도 하는 '금융 시스템'을 들 수 있다. 금융 시스템이 굴러가는 한 통화량은 계속해서 증가한다. 은행은 예금을 받아 대출을 해주고, 예금이자와 대출이자 사이의 차익으로 굴러간다. A가 은행에 돈을 예금하면, 은행은 대출을 원하는 B에게 그 돈을 빌려준다. 이때 '통화량'이 증가한다. A가 100만 원을 은행에 예금해서 B가 100만 원을 빌려 가면 숫자로 찍히는 돈은 A에게 100, B에게 100으로 200이 된다. 실재하는 돈이 100만 원일지라도 숫자상 200이 되는 일이 벌어진다. 이런 식으로 예금과 대출을 통해 '통화량'이 늘어난다. 종이돈이 더 찍히는 것은 아닐지라도, 늘어난 통화량은 물가를 밀어 올리는 데 일조한다. 이를 두고 노벨경제학상 수상자인 밀턴 프리드먼 교수는 "인플레이션은 언제 어디서나 화폐 현상."이라고 일갈했다.

자본주의 삶에서 인플레이션은 공기와 같다. 어디에나 있고 언제나 있다. 그러나 공기처럼 분명한 그 존재를 인식하지 못하고 사는 이들이 대부분이다. 6,000원 하던 자장면이 7,500원으로 올랐을 때는 "또 올랐네." 푸념 정도로 넘어간다. 1,000만 원짜리 예금을 넣고 1년 뒤에 50만 원도 안 되는 이자를 받을 때는 '불로소득'을 얻은 것 마냥 즐거워한다. 남이 산 아파트가 수년 만에

억 단위로 오르고 나서야 인플레이션이 나의 수고를 **빼앗아** 가는 강도라는 것을 체감한다. 그런데 그마저도 며칠 지나면 까먹는다. 붕어보다 짧게 지속되는 기억력, 그것이 진짜 문제다.

●

자본주의에 백기 투항하라
단언컨대, 바꿀 수 있는 것은 없다

"당신은 인플레이션이라는 강도를 막을 뾰족한 수가 있는가?"

한때 이 주제에 미쳐서 자료를 모은 적이 있었다. 일간지에 연재된 한 칼럼에서 '인플레이션과 싸우는 방법'이라는 제목으로 몇 가지 팁을 소개했다. 첫째, 계획적인 식단으로 충동구매를 자제할 것. 둘째, 주유 할인 카드를 사용할 것. 셋째, 고금리의 카드빚을 갚을 것. 넷째, 외식을 줄일 것. 다섯째, 주거비를 줄이기 위해 부모님 집으로 들어갈 것 등이었다.

나는 실소를 금치 못했다. **강도가 와서 지폐뭉치를 가져가는데 바닥에 떨어진 잔돈 몇 푼을 챙겨보겠다고 아등바등하는 꼴이다.**

물론 아껴 쓰는 건 좋은 태도다. 나도 아껴 쓰는 것을 매우 좋아한다. 투자자에게 절약하는 태도만큼 큰 자산도 없다. 그러나 절약이 만능은 아니다. 인플레이션이라는 강도를 절약만으로 막아낼 수 있을까? 손가락으로 하늘을 가리는 것만큼 말도 안 되는 이야기다. 강도를 때려잡을 수 없다면 최소한 강도가 못 들어오게 담이라도 제대로 쌓아야 하지 않겠는가.

근본적으로 인플레이션을 제거할 방법을 찾아보자. 답이 없지 않다. 돈을 그만 찍어내면 된다. 간단하다. 그런데 이 간단한 방법이 현실에서는 실현되지 않는다. 왜? 사람들은 소비를 좋아한다. 사람만큼 돈 쓰는 것을 좋아하는 곳이 또 있다. 바로 정부다. 돈을 많이 써서 경기를 부양하거나 국민들에게 혜택을 주는 정책을 펼치면 국민들이 좋아하고 정권이 연장될 수 있다.

하지만 정부에게 돈을 버는 일은 녹록치 않다. 원칙적으로 세금을 걷어야만 돈을 쓸 수 있다. 세금을 늘리면 국민들에게 욕을 먹는 것은 물론 정권 연장도 어려워진다. 정부가 생각해낸 꼼수는 돈을 더 찍어내는 것이다. 그러면 국민에게 욕을 덜 먹으면서 흥청망청 돈을 쓸 수 있다. 물론 이 과정에서 인플레이션이라는 부작용이 나타난다.

결국 강도를 만나는 것은 국민들이다. 월급은 그대로인데 인플레이션으로 생활비가 더 들어가면 실질적으로 월급이 깎이는 효과가 나타난다. 이익은 정부가 가져가고 고통은 국민들이 겪는다. 이 원리를 이해한 사람들은 인플레이션을 숨어 있는 세금, 보이지 않는 세금이라고 부른다. 워런 버핏 역시 '인플레이션은 최악의 세금'이라고 비판하기도 했다.

한편 인플레이션은 부의 재편에도 영향을 미친다. A가 B에게 1,000만 원을 빌려줬다고 치자. 이자가 없다는 가정하에 인플레이션이 일어나면, 시간이 갈수록 화폐 가치가 떨어진다. 그 결과 돈을 빌린 채무자 B의 상환 부담은 줄지만, 돈을 빌려준 채권자 A는 돌려받을 돈의 가치가 떨어져 결국 손해를 입는다. 인플레이션에 미치지 못하는 이자도 같은 효과를 나타낸다. 역설적이게도 시간이 지나면 지날수록 돈을 빌린 사람이 돈을 빌려준 사람보다 부자가 될 확률이 높아진다.

이상의 내용을 확인하고 나는 '백기 투항'이 답이라고 생각했다. 인플레이션이 불합리한 경제 현상이라고 판단하고 이를 고치려 해도 우리가 할 수 있는 일은 하나도 없다. 정부는 계속 돈을 찍어낼 것이고, 채무자의 부담은 갈수록 줄어들 것이다. 급여 생활자에, 인플레이션에 미치지 못하는 인상분을 받는 월급쟁이는 강도의 표적이 될 수밖에 없다.

고액 연봉을 받고 있습니까?
인플루언서가 되는 월급쟁이 부자의 조건

그래서 월급쟁이로 살면 경제적 자유를 얻는 것이 완전히 불가능하다는 말일까? 아니다. 결코 그렇지 않다. 월급쟁이로 경제적 자유를 얻은 사례를 여럿 보았다. 당신이 월급쟁이로 경제적 자유를 얻고 싶다면, '경제적 자유를 이룬 월급쟁이들의 생존법'을 기꺼이 알려줄 수도 있다.

이제 막 경제 유튜버로 활동하기 시작한 K는 나와 함께 강의를 들으러 다녔던 지인이다. 결혼하기 전부터 아내와 함께 모은 2억 원으로 전셋집을 간신히 구했던 그는 부동산 투자로 순자산 50억 원을 달성했다. 대출을 포함하면 100억 원 정도가 된다. 얼마 전 월세만으로 월수입 1,000만 원을 달성한 그는 이제 사표를 내고 자유로운 유튜버로 살아가기로 결심했다.

그는 어떻게 해서 월급쟁이 부자가 될 수 있었을까? 많은 이유가 있겠지만, 내가 파악한 가장 확실한 이유는 '연봉'이다. 그를 처음 만났던 10여 년 전, 이미 그는 1억 원을 넘는 연봉을 받고 있었다. 아이도 없던 맞벌이 시절, 그들 부부는 1년에 1억 원

이상을 저축했다. 그렇게 시드머니를 만든 그는 은행 이자에 만족하지 않고 아파트 투자에 나섰다. 매년 1억 원 이상이 쌓였으므로 계속해서 투자 규모를 늘릴 수 있었다. 그렇게 그는 월급쟁이 부자로 은퇴했다.

얼마 전 책을 낸 J도 마찬가지다. 대출 포함 자산이 100억 원이 넘는다. 그도 월급쟁이 부자로 상당한 부러움을 샀다. 요즘은 회사를 그만두고, 투자를 원하는 회사의 재무 담당자를 만나러 다닌다. 유튜브에도 종종 출연해 가치 투자, 장기 투자를 강조하기도 한다.

그는 어떻게 주식 투자로 큰돈을 벌 수 있었을까? 그도 대기업 종사자였다. 매달 생활비를 쓰고도 몇 백만 원이 남았다. 은행에 들어간 돈은 이자를 벌어왔다. 그는 그렇게 번 돈으로 주식 투자를 시작했다. 전문가들이 그토록 강조한 '없어도 되는 돈'으로 투자를 할 수 있었던 것이다. 명문대에서 회계학을 전공한 그는 일반인보다 뛰어난 수익을 올렸다. 그가 한 번도 한강에 갈 걱정을 하지 않았던 이유는 생활비를 충당하고도 남는 월급이 있었기 때문이다. 투자한 돈을 좀 잃는다 해도 그는 멘탈을 부여잡고 장기 투자를 이어갈 수 있었다. 그렇게 그는 월급쟁이 부자가 됐다.

이제 월급쟁이 부자들의 공통점을 찾았나? 그들은 고액 연봉자였다. 이들 외에도 저자로, 강연자로, 유튜버로 활동하는 많은 '재테크 성공자'들은 "나도 월급쟁이로 시작해 지금의 부를 완성했으므로 당신도 할 수 있다."고 강조한다. 그러나 나는 그들이 "월급쟁이 시절 연봉이 1억 원이 넘었다."고 밝히는 것은 들어보지 못했다. 물론 비난 받을 일은 아니다. 연봉이 1억 원이 넘었다고 월급쟁이가 아닌 것은 아니니까. 다만, 그들이 '나와 같은' 월급쟁이가 아니었을 뿐이다.

일반 월급쟁이들이 똑똑할까, 소위 SKY를 졸업하고 대기업에서 직장생활을 시작한 고액 연봉자가 더 똑똑할까? 똑똑하다고 투자를 잘한다는 보장은 없지만 유리한 것은 사실이다. 저축액이 1도 없는 이들이 투자에 유리하겠는가, 저축액이 많아서 손실이 나도 아랑곳하지 않을 여유가 있는 사람이 투자에 유리하겠는가? 똑똑하고 돈이 있는 월급쟁이라면 투자를 안 할 이유를 찾는 것이 더 어려울 것이다.

그런데 현실에서 이런 이야기를 꺼내면 꼭 "억대 연봉자들이 왜 투자를 하나, 나 같으면 그 돈으로 충분히 먹고 놀 텐데······."라고 대꾸하는 사람들이 있다. 정말 그렇게 생각하나? 그렇다면 당신은 이 책을 읽을 필요가 없다. 당신은 지출만 줄

인다면 충분히 먹고살 수 있다. 당신이 그런 선택을 하기 싫을 뿐이다.

고액 연봉자들이 신봉하는 금융인이자 기업인인 동시에 유명한 투자자가 한 명 있다. 레이 달리오(Ray Dalio)는 《원칙(Principles)》에서 '현금은 쓰레기다.'라고 말하며 인플레이션에 대해 강력하게 경고했다. 똑똑하고 돈을 많이 버는 월급쟁이들은 이 말을 종교처럼 받들고 산다. 돈을 빼앗기지 않기 위해 누구보다 악착같이 뛰고 있다.

그런데 당신은 어떠한가? **강도는 타깃을 정할 때 '공명정대'를 따지지 않는다. 털기 쉬운 집은 두 번도 가고 세 번도 간다.** 아무 방비를 하지 않은 이들이 인플레이션의 악영향을 더 많이 더 자주 경험하는 것도 같은 이유에서다.

3

살아있는 고수에게 부자가 되는 법을 배워라

《부의 추월차선》의 저자 엠제이 드마코는 인생의 전환점이 된 사건으로, 10대 시절에 람보르기니를 몰고 나타난 20대 중반의 남성에게 "어떻게 하면 젊은 나이에 람보르기니를 몰 수 있나요?"라고 물었던 일을 꼽았다. 지금이나 당시나 람보르기니는 꿈의 차였고, 엠제이 드마코는 람보르기니를 통해 자기 안에 잠자고 있던 '부자 욕망'을 깨닫게 되었다. 그리고 실제로 부자가 되기 위한 방법을 찾아 나섰다.

나 역시 비슷한 경험을 한 적이 있다. 난생처음 살아있는 부자, 투자의 고수를 만났을 때다. 그때 나는 '남들보다 돈이 조금 많은 수준'이 아니라 '죽을 때까지 써도 다 못 쓸 돈을 가진' 부자가 되고 싶다는 생각을 처음으로 했다.

10대 시절, 나는 '부자'를 대면해 본 적이 없었다. 가난한 동네에서 가난한 부모 밑에서 자란 터라 주변에는 온통 가난한 사람들뿐이었다. "이 사람 혹시 부자일까?"라는 생각을 갖게 한 사람도 없었다. 그래서 다들 나처럼 시시하고 비루한 인생을 살아가는 줄 알았다.

내가 처음 만난 진짜 부자는 '털보 아저씨'였다. 눈에 띄게 부를 과시하고 다닌 것은 아니었지만 그가 부자라는 것을 알 수 있었다. 털보 아저씨의 넉넉한 인심을 경험하고 나서는 "나도 부자처럼 살아보고 싶다."는 말이 절로 나왔다.

털보 아저씨를 처음 만난 건 부동산 중개소였다. 당시 나는 외국인 유학생들이 머물 원룸을 구하는 업무를 했던지라 부동산 중개소를 꽤 자주 다녔다. 털보 아저씨는 원룸 건물을 몇 채나 갖고 있는 임대인이었다. 계약 전에 함께 원룸 상태를 점검하고, 수리할 부분을 체크했다. 자주 만나다 보니 금세 친해졌다.

털보 아저씨가 상당한 자산가일지도 모르겠다는 의심(?)을 하게 된 건, 원룸 건물의 등기부 등본을 몇 번씩 확인하고서부터였다. 그에게는 빚이 없었다. 당장 우리 회사에서 임차료로 지급하는 월세만 해도 1,000만 원이 넘었다. 그 돈이 전부 털보 아저씨 통장으로 들어갔다. 부자가 아닐 이유가 없었다.

"사장님은 원룸 임대 오래하셨어요?"

"처음에는 한 채를 사서 월세를 줬는데, 수익이 좋아서 계속 세대를 늘려왔지."

몇 년 전부터는 직접 원룸 건축도 하고 관리도 직접 한다고 했다.

한 번은 월세 계약을 연장하러 부동산 중개소에 들렀다가 월세 흥정을 하게 됐다. 중개사는 "이번에는 월세를 올려야겠는데요."라며 흥정을 시작했다. 당시만 해도 나는 부동산에 대해 아는 것이 거의 없었다. 2년 전부터 같은 월세를 꼬박꼬박 내고 있었는데, 하루아침에 몇 십만 원씩 월세를 올려달라는 것이 이해가 되지 않았다. 부동산 중개사는 귀찮다는 듯 "시세를 좀 알아보고 오세요."라고 쏘아붙였다. 나는 주변 부동산 중개소 몇 곳을 돌며 시세라는 것을 확인해 보았다. 월세는 2년 전보다 배 가까이 올라 있었다. 전세가 올라 월세를 구하는 학생들이 많아지면서 시세가 올라갔다고 했다.

그즈음 털보 아저씨는 낡은 건물을 허물고 원룸 건물을 새로 짓고 있었다. 오가는 길에 현장을 가보았다. 현장 감독과 이야기를 나누던 털보 아저씨는 나를 알아보고 "밥이나 먹고 가."라고 인사를 했다. 그날 같이 국밥을 먹으며 새삼 털보 아저씨가 달리 보였다. 건물이 올라가면 그는 또 얼마나 많은 월세를 받게 될까? 나는 부자의 삶이 궁금했다.

"아저씨는 언제부터 원룸 임대하셨어요? 저 같은 사람도 할 수 있을까요?"

"나도 처음에 5층짜리 건물의 한 호실로 시작했어. 돈이 모이면 하나씩 늘리다 여기까지 온 거지. 젊은 사람이 지금부터 시작하면 내 나이쯤 됐을 때는 나보다 훨씬 많이 벌겠지."

털보 아저씨는 친절했다. 부동산을 어떻게 시작했는지 조곤 조곤 알려주었다. 낮술 한잔을 걸치니, 불황기에는 경매를 하고 호황기에는 상가를 하는 게 좋다는 투자 조언도 해주었다. 그날 나는 부동산이라는 새로운 세계에 눈을 뜨게 됐다.

이후 1년도 안 돼 털보 아저씨의 원룸 건물이 완공되었다. 원룸 임차가 어떻게 맞춰지는지 주의 깊게 지켜보았다. 계산기를 두드려 보니 수천만 원의 월세가 들어올 건물이었다. 그러나 털보 아저씨는 원룸 임차에 크게 열을 올리지 않았다. 대신 중개소에 원룸 건물을 통째로 내놨다는 소문이 돌았다.

실제 2달여 만에 건물 매매 거래가 이루어졌다는 소식이 들렸다. 오가는 길에 털보 아저씨를 만나게 되어 신축 건물이 어떻게 됐는지 물어보았다. 털보 아저씨는 "한 12억 쯤 남긴 것 같아."라고 솔직하게 알려주었다. 아마 그의 말은 사실일 것이다. 자기 건물에 몇 건의 임차 계약을 하고, 다달이 1,000만 원도 넘는 임차료를 내는 회사의 담당자를 속일 이유가 없었다.

'내가 몇 천만 원의 연봉을 벌기 위해 회사에 매달려 사는 1년여 동안 털보 아저씨는 원룸 건물을 지어서 12억 원의 수익을 올렸구나!'

갑자기 침울해졌다. 극도의 절약병에 걸려 있던 때였다. 내가 열심히 살아내고 있는 삶이 아무 의미가 없는 것처럼 느껴졌다. 가해자도 없는데 시궁창에 처박힌 피해자가 된 듯했다. 억울하고 분하기까지 했다.

고수에게 배우고 싶다면 뻔뻔해질 용기를 가져라

나도 부자가 되고 싶었다. 실제 부자를 만나보니 어쩌면 실현 가능한 일일지도 모른다는 생각이 들었다. 내가 알지 못했던, 그래서 경험해 볼 엄두조차 내지 못했던 '부자의 세계'에 들어가고 싶어졌다. 그래서 털보 아저씨에게 어떻게 하면 부자가 될 수 있는지 물어보기로 했다.

"대한민국에서는 부동산만 한 것이 없지."

처음에는 온전히 믿지 못했다. 당시는 부동산 불황기였다. 《부동산 대폭락 시대가 온다》에 이어 《하우스 푸어》, 《부동산은 끝났다》 같은 책들이 베스트셀러로 팔려나갈 때였다. 그러나 털보 아저씨는 이런 시류에 개의치 않았다.

"한 2년 정도 지나면 괜찮아질 거야."

털보 아저씨에게 그 근거를 물어보았다. 그러나 털보 아저씨는 어깨만 으쓱할 뿐 별다른 이야기는 하지 않았다. 순전히 자신의 감을 믿는 것 같았다. 그런데 신기하게도 그의 '무논리'에 더 믿음이 갔다.

"돈도 별로 없는데 뭘 하면 좋을까요?"

털보 아저씨는 우선 경매를 시작하라고 했다. 불황기에 사람들이 덜 몰릴 때 경매를 시작하면 좋다고 했다. 내가 살펴본 바로, 그간 만났던 대부분의 건물주들이 모두 경매를 하고 있었다. 경매가 부자가 되는 검증된 방법이란 생각이 들었다. 그렇게 경매에 관심을 가지게 되었다.

퇴사 후 책을 찾아보고 강의도 들으며 부동산 전반에 대해 알아갔다. 임장도 다니고 법원 경매장도 다니면서, 부자가 되기 위해 공부를 하고 경매를 하는 '나와 같은 사람'이 세상에 많다는 것을 깨달았다.

세상에서 가장 무식한 사람은 나였다. 간단한 부동산 상식도 모르던 때였다. 나는 털보 아저씨에게 물어본 것처럼 현장에서 만난 사람들에게 많은 것을 물었다. 대체로 성공을 거둔 그들은 친절하게 답을 알려주었다. 사람들은 의외로 질문을 귀찮아하지 않았다. 특히 자신보다 부족한 사람이 물어보면 자신이 아는 것을 신이 나서 대답해 주었다. 경매장에서는 더 잘 통한다. **낙찰을 받아 기분 좋은 사람에게 "성공 전략을 한 수 배우고 싶습니다."라고 질문하면 자신이 어렵게 배운 것들을 친절하게 들려주었다.**

한 번은 인천법원에서 한 낙찰자를 따라간 적이 있었다. 내가 파악한 바로 그 물건은 선순위 임차인이 있어 전세입자에게 보증금을 물어주어야 하는 특수 물건이었다. 아무리 싸게 낙찰을 받아도 이익이 남지 않는 물건이었다. 그런데 단독 입찰한 아주머니가 낙찰을 받았다. 나는 이해가 되지 않았다. 그래서 아주머니를 찾아가 간단히 내 소개를 한 후 어떻게 낙찰을 받게 됐는지 경위를 물어보았다. 낙찰을 받은 아주머니는 귀한 정보를 알려주듯 목소리를 낮추고 상황을 전해주었다.

아주머니는 직접 임장을 가서 임차인을 만났다고 했다. 이야기를 들어보니 임차인이 소유주의 전처였다는 것이다. 낙찰을 받은 아주머니는 전세입자가 '가장 임차인'이라고 확신하고 있었다. 법원에 가장 임차인으로 확인을 받으면 전세금을 돌려주지 않아도 되므로 크게 수익이 날 거라는 예상이었다. 이 사건을 통해 나는 '임차인이 있더라도 가장 임차인인지 확인만 할 수 있으면 수익을 낼 수도 있다.'는 새로운 지식을 얻었다.

몇 달 후 인천법원에 갔다가 뜻밖의 소식을 전해 들었다. 평소 법원 앞에서 소식지를 나눠주는 이모님들과도 친분을 유지하고 지냈는데, 그날 한 이모님이 '가장 임차인'을 확인했다던 낙찰자의 후속 소식을 전해주었다. 뜻밖에도 낙찰물의 임차인을 '가장 임차인'이라고 확신했던 낙찰자는 수천만 원의 손해를 봤다고 했다. 내막을 들어보니 낙찰자의 기대와 달리 법원에서 전 부인을 '가장 임차인'으로 판시해 주지 않았다는 것이다. 경매 물건의 소유주와 전세입자는 이혼한 부부가 맞으나 계약상의 문제가 없으므로 가장 임차인으로 볼 수 없다는 것이었다. 결국 낙찰자는 보증금을 포기할 수밖에 없었다.

이밖에도 나는 경매나 부동산에 대한 다양한 지식을 현장에서 배웠다. 이후 실전 경매에서 많은 수익을 가져다 준 각종 노하우가 거기서 만들어졌다.

살아있는 고수에게 배우자면 먼저 자신의 무식을 인정해야 한다. 다음으로 '뻔뻔해질 용기'가 필요하다. 얼굴에 철판을 깔고, 끈덕지게 들러붙어야 한다. 물론 쉽지 않다. 무안하거나 굴욕적인 상황도 더러 있다. 그러나 이 정도도 감수하겠다는 각오가 없다면 고수에게서 배울 수 없다. 남이 어렵게 얻은 지식과 지혜를 거저 얻고 싶은 것은 도둑놈의 심보다.

지인 3명 중 1명은 진짜 부자다
직접 찾아가 먼저 조언을 구하라

요즘도 나는 어떻게든 부자를 만나는 기회를 만들려고 한다. 유튜브 출연 의뢰가 들어오면 가장 먼저 검토하는 것이 진행자이다. 내가 만나고 싶었던 부자라면 두말없이 나간다. 출연을 핑계로 안면을 트고 평소 궁금했던 것들을 물어본다. 그렇게 지속적으로 부자의 방식을 배워간다.

가끔 내게 부자가 되는 방법을 묻는 이들에게 같은 전략을 소개한다. '부자에게 배워라!' 완벽한 팁이다. 그런데 의외로 많은 피드백이 "누구를 만나야 할지 모르겠다."는 하소연이다. 답답한 노릇이다. 세상 어느 부자가 당신을 찾아와 "오랫동안 당신을 기다려 왔습니다. 제가 부자의 길을 알려주겠습니다."라며 친절을 베푼단 말인가! **우물은 목마른 사람이 파는 것이다. 부자가 보이지 않는다면 부자를 찾아나서야 한다.**

KB금융그룹의 〈2024 한국 부자 보고서〉에 따르면, 우리나라에서 금융자산 10억 원 이상의 부자는 46만 1,000명이라고 한다. 전체 인구의 0.9%이다. 한편 우리나라 부자의 70.4%는 수도권에 거주한다.

부자의 총자산은 55.4%의 부동산자산과 38.9%의 금융자산으로 구성되어 있다. 거주용 부동산이 32%로 가장 큰 비중을 차지한다. 부자들이 보유한 부동산자산 규모는 2,802조 원으로, 2023년 2,543조 원 대비 10.2% 증가했다.

부자가 되는 데 가장 큰 기여를 한 것은 '사업소득'으로 32.8%가 사업을 통해 부자가 됐다고 밝혔다. 이는 근로소득 8.5%의 4배에 해당하는 수치다. 이들이 밝힌 축적된 자산을 투자하여 불리는 수단은 부동산투자가 26.3%로 가장 많았다. 부자들이 생각한 자산 증식의 밑천은 평균 7억 4천만 원이었고, 그들은 그 종잣돈을 평균 42세에 모았다.

이러한 데이터는 고수를 찾아나서는 우리에게 몇 가지 팁을 알려준다. 첫째, 대한민국 국민 100명 중 1명은 금융자산만 10억 원이 있는 부자다. 둘째, 사업소득을 일으키면 부자가 될 확률이 높아진다. 셋째, 축적된 자산을 불리는 방법으로 부동산투자에 대한 선호도가 가장 높다.

중요한 것은 첫 번째다. 우리나라 사람 100명 중 1명이 부자다. 계산을 해보자. 학교를 졸업하고 사회에 나가서 만나는 성인이 얼마나 될까? 약 300명 정도는 될 것이다. 이를 부자 인구로 대입해 보면, 당신 주변에 부자가 3명은 있다는 말이다. 실제로는 더 많을 가능성이 높다. 미성년자, 고령자, 먼 낙도에 거주하는 사람을 빼고 나면 우리가 만나는 100명이 아니라, 50명 중 1명은 10억 원 이상의 자산가다.

그런데 왜 당신은 부자를 만나는 게 하늘의 별 따기만큼 어렵다고 하나? 내가 경험한 바로 가장 큰 이유는 부자에 대한 '환상' 때문이다. 강남의 대형 아파트에 살면서 명품을 휘감고 포르쉐 같은 차를 타고 다녀야 부자일 것만 같다는 환상. 그러니 주변에서 부자를 못 찾는 것이다.

부자의 요건은 무엇일까? 돈이 많으면 그뿐이다. 달리 검증이 필요 없다. 주변에서 금융자산을 10억 원 이상 가진 것 같은 사람을 떠올려 보라. 그의 외모, 차, 아파트는 접어두라. 그게 중요한 게 아니다. 이런저런 이유로 그가 10억 원 이상의 자산을 갖고 있다는 합리적 의심이 든다면, 먼저 연락해 보라. 당신이 그에게 부자가 되는 길을 묻는다면 가장 신뢰할 만한 답을 들을 수 있을 것이다.

여담이지만 나도 털보 아저씨를 만나기 전에는 부자에 대한 선입견이 있었다. 그런데 막상 순자산 50억 원 이상의 자산가들을 만나보니, 내 선입견이 무지에서 비롯됐다는 것을 알게 되었다. 물론 외제차에 명품을 휘감고 다니는 사람도 있었지만, 대부분은 수수한 모습이었다. '알부자'라는 소리를 듣는 그들이 '찐' 부자였다.

정리하자면, 부자는 검증이 필요 없는 사람이다. 차가 어떻고 집이 어떻고 하는 건 가난한 사람들의 선입견이다. 돈이 많으면 무조건 부자다. 금융자산 10억이 있으면 부자다. 그가 어떤 모습이든 어떤 일을 하든 관계없다. '어떻게 하면 당신처럼 부자가 될 수 있는가?' 물어볼 용기만 있으면 된다.

대학을 졸업하고 직장생활을 하면서 나는 '내 자식도 나와 같은 월급쟁이로 살게 해야지.'라는 생각을 해본 적이 단 한 번도 없다. 솔직히 너무 힘들어서 자식만큼은 이런 일을 하게 하지 말아야지, 라고 생각했다.

그런데 내가 만난 많은 건물주들은 자식에게 건물 관리를 시켰다. 한 건물주의 아들은 퇴근 후 직접 임차인들을 만나 관리비를 걷고, 손수 건물을 쓸고 닦았다. 누가 보면 허드렛일일 수도 있으나 건물주와 그의 아들은 그렇게 생각하지 않았다. "저렇게 슬슬 관리하는 걸 가르쳐놔야, 자기 것이 됐을 때도 손수 관리를 한다고. 그래야 은퇴 후에도 잘 살지 않겠나?"

그들은 10~20년 후를 계획하고 있었다. '얼마나 좋으면 자기

자식에게도 자기와 같은 삶을 물려주려고 할까?' 호기심과 부러움이 동시에 일었다.

호랑이를 잡으려면 호랑이 굴에 들어가야 하고, 부자가 되고 싶다면 부자를 직접 만나 그들이 사는 세계를 경험해 봐야 한다. 부자를 만나 이야기를 들어보라. 좋은 기회가 당신을 찾아오지 않는다고 푸념과 불평만 늘어놓지 말고 직접 나가서 기회를 만들라. 나는 지금도 부자들을 찾아다닌다. 그들이 주는 강렬한 인상은 싸구려 자기계발서가 주지 못하는 동기를 만들어 준다. 경험해 보면 당신도 알게 될 것이다.

준비 없이 부자를 찾아가지 마라
그들도 시간 낭비를 싫어한다

어느 사회나 태어날 때부터 부자인 사람들이 있다. 부자 10명 중 금수저형 부자는 4명이고, 6명은 사업소득과 근로소득, 그리고 투자소득으로 10억 원 이상의 자산을 일구었다고 할 수 있다. 당신이 만나는 부자 3명 중 2명은 자수성가형 부자로, 진짜 경험을 통해 부자가 되는 방법을 알려줄 수 있는 사람이다.

10여 년 전, 한 부자로부터 "젊은 청년이 참 열심히 사네."라는 인사를 들은 적이 있다. 갓 죽음의 터널을 빠져나와 에너지라고는 없던 때였다. 그의 말은 내게 큰 위로가 됐다. 적극적으로 삶을 개척하려는 이에게 세상은 호의적이라는 것을 알려주었다.

내가 만난 부자 중에는 구두쇠가 없었다. 그들은 돈이나 시간을 쓰는 것에 인색하게 굴지 않았다. 오히려 사람 좋아 보이는 인상으로 이런저런 질문에 쉽게 답해주었다. 그런데 정작 궁금한 부분, 이를테면 "세금 관리는 어떻게 하나?", "큰 물건 하나를 사는 게 좋은가, 작은 물건 여러 개를 사는 게 좋은가?", "하락장에서 가격이 어느 정도까지 빠지기를 기다리는 게 좋은가?"와 같이 민감하고 어려운 질문에는 제대로 된 답을 주지 않았다. 그때는 막연하게 그들도 어려워하는 부분이라고 생각하고 넘겼다.

한참 시간이 흐르고 내가 경제적 성공을 거두고 나서야 질문 내용이 아닌 내 태도에 문제가 있었다는 것을 알았다. 일면식도 없던 관계에서 필요한 정보만 쏙쏙 빼내려는 이에게 누가 시간과 에너지를 들여 진솔한 대답을 해주고 싶을까. **공짜로**

얻고자 하는 이에게는 공짜로 얻을 수 있을 정도의 것들만 주어질 뿐이다.

그 이후에는 궁금한 것이 생기면, 내가 왜 그 부분을 궁금해하는지, 답을 얻기 위해 어떤 노력을 해왔는지, 당신이 답을 해준다면 얼마나 큰 도움이 될지 충분히 설명하고 답을 구하고자 했다. 상대는 그러한 태도를 '진정성'으로 받아들였고 정성어린 답을 해주었다.

《부자들의 인간관계》(스가와라 게이 저)의 첫 장에는 '부자들은 싸움을 하지 않는다'는 내용이 나온다. 왜 그럴까? 돈이 많으면 갖고 싶은 건 뭐든지 가질 수 있어서? 돈으로 어떤 문제도 해결할 수 있기 때문에 싸움이 일어나지 않을까? 아니다. 저자는 '부자들은 싸움이 일어날 사람과 만나지 않기 때문'이라고 설명했다. 인간관계에서 취할 것과 버릴 것을 제대로 선택하고, 마음이 맞는 사람, 가치관이 맞는 사람과 인간관계를 이어가기 때문에 싸움이 일어나지 않는다는 말이다. 부자는 돈만 많은 게 아니라 사람을 보는 눈도 밝고 더 현명한 사람들이다. 혹여 진짜 부자는 어떻게 생겼나 하는 호기심에 구경 삼아 부자를 찾아다닌다면 당장 그만두라. 그들은 동물원의 동물이 아니라 동물원을 운영하는 사람이다. 단칼에 입장 불가 판정을 받고 쫓겨날 것이다.

또 하나, 부자의 시간을 함부로 뺏지 마라! 경제적으로 성공을 거둘 정도의 사람이면 바쁜 것은 기본 값이다. 한가하게 살고 싶어 부자가 되었겠지만, 부자로 살면서 한가한 사람은 거의 보지 못했다. 그들에게 시간을 빌릴 생각이면 그만큼의 공을 들여야 한다.

나만 해도 약속 시간에 5분 이상 늦는 사람을 기다리지 않는다. 15분 이상 지체될 상황이라면 다음에 만나자고 한다. 하나의 약속이 15분 지체되면, 그 뒤로 잡혀 있는 약속들도 줄줄이 15분씩 미뤄지기 때문이다. 내가 한 사람의 사정을 봐주면 수많은 사람들이 나의 사정을 봐주어야 한다. 이런 일은 미연에 차단하는 것이 현명하다.

물론 부자의 시간이라고 더 값진 것은 아니다. 그러나 당신이 뚜렷한 목표 의식과 열망도 없이 단순히 '부자가 되는 길'을 알기 위해 그를 찾아다닌다면 그것은 스토킹과 다를 바 없다. 먼저 '시간을 나눠주어도 결코 아깝지 않은 사람'이 되어야 한다. 그걸 어떻게 아느냐고? 거울을 보라. 제정신이 박혀 있다면 십중팔구 자격 미달이라는 것을 알아챌 것이다.

4

성공이 최고의 동기부여다

고수란 '동일한 방법으로 여러 물건에서 수익을 만들어냈으며 앞으로도 낼 수 있는 사람'을 말한다. 거기까지 가면 완성형 투자자라 할 수 있다. 처음부터 완성형 투자자는 없다. 산전수전을 통해 실력, 내공, 전투력을 쌓아야 한다. 많은 고수들은 경매, 재개발·재건축 투자, 오피스텔·빌라 투자 등 자신만의 수익 모델을 가지고 있다.

나는 부동산 투자를 시작하기 전에는 이 일로 생계를 해결할 수 있는 사람이 될 거라고 생각하지도 못했다. 그저 남들도 하는 사소한 소일거리 정도로만 여겼다. 그래서 '고수'는 꿈도 꾸지 못했다. 더욱이 나는 자타 공인 '마이너스의 손'으로 이미 주식을 말아먹은 경험이 있었다. 부동산은 가볍게 시작해서 조금만 벌고 빠질 생각이었다. 그러나 세상은 준비 안 된 초보를 단숨에 알아보았고 금세 '호구'인 것을 간파했다. 그게 마이너스 손의 시작이었다.

직장에 다닐 때는 재미로 모델하우스를 자주 다녔다. 견물생심이라고, 자주 보니 부동산에 욕심이 생겼다. 그러다 시험 삼아 넣은 청약에 덜컥 당첨이 됐다. 외벌이에 청약저축 가입기간도 얼마 안 돼, 별 기대 없이 넣었던 청약이었다. 나 같이 낮은 점수에 당첨이 될 정도였으니, 그곳은 흥행 참패였다. 그러나 나만 그 사실을 몰랐다. 당시에는 1.2:1이라는 초라한 경쟁률이었는데 그래도 경쟁률이 1:1을 넘기면 무조건 완판이 되는 줄 알았다. 그만큼 무식했다. 허허벌판에 아무것도 없는 것은 둘째 치고, 분양가가 높아도 너무 높았다는 것을 중도금을 내고서야 알았다.

원금을 회수하고 분양권을 팔기까지 피가 마르는 시간을 보냈다. 매주 분양권 가격을 확인했는데, 내가 계약한 금액보다 몇 천만 원이나 떨어져 있었다. 팔면 무조건 손해였다. 이자를 내고 버티면서 "다시는 안 한다."는 소리를 골백번도 넘게 했다.

"전쟁이라도 나서 세상이 끝장나면 좋겠다."

미래가 암담하니 막말만 나왔다. 그러나 내가 속앓이를 앓든 말든 세상은 평온했고, 나는 실패한 투자에서 도망가지 못했다. 매달 '딩동' 알림과 함께 대출이자 납입일은 돌아왔다. 통장 잔고가 말라갈수록 잃어버린 시간과 에너지를 되찾고 싶다는 독기가 올라왔다.

'시간과 돈을 잃었으니 배움이라도 가져가야 한다.'

처박아둔 분양 계약서를 펼치고, 무엇이 잘못됐는지 복기를 시작했다. 다행인 것은 그렇게라도 '투자에 진심'이 생기기 시작했다는 것이다. 아이러니하게도 완벽한 실패로 끝난 첫 투자 덕에 "그래, 한번 제대로 파보자!"는 오기가 생겼다는 것이다. 가시밭투성이 '투자의 길'이 그렇게 열렸다.

먼저 성공하라
성공이 내 안의 거인을 깨운다

실패 원인은 금세 찾을 수 있었다. 내가 산 아파트가 있는 신도시를 찾아가보았다. 거기서 나는 세 가지 실패 이유를 발견했다.

첫째, 분양가가 너무 높았다. 인근에 아파트도 별로 없었고, 구축 아파트에 비해 20~30% 더 비쌌다. 둘째, 일자리에서 너무 멀었다. 2기 신도시의 전형적인 특징이었다. 신도시 위치가 강북이다 보니 일자리 핵심지인 강남까지는 한참 걸렸다. 셋째, 교통이 좋지 않았다. 상담사는 곧 지하철이 개통될 것처럼 말했으나 상담사의 말이 실현되는 데는 10~20년이 걸릴 터였다. 이 모든 걸 계약 당시 나만 몰랐다. 내 발등을 내가 도끼로 내려찍은 꼴이었다.

이제 나는 어떻게 해야 할까? 고민해 보니 답은 간단했다! 손해를 채우고도 남을 수익을 만들어야 했다. 어디서 그런 수익을 얻을 수 있을까? 이 역시 간단했다. 실패 이유들을 하나씩 격파해 가격이 오를 곳을 찾아서 투자하면 됐다.

이런 결론을 가지고 다시 신도시를 찾아다니기 시작했다. 애써 모은 돈들을 눈먼 곳에 이미 다 쏟아부은 후라 투자금은 전혀 남아 있지 않았다. 그래도 앉아서 죽을 날을 받아놓은 사람처럼 당하고 있을 수만은 없었다. 어떻게든 만회해야 했다. 그래야만 다시 숨을 쉬며 살 수 있을 것 같았다.

마침 눈에 들어온 곳이 생겼다. 분양가가 매우 싸고, 일자리가 매우 많으며, 일자리로 가는 대중교통이 있는 곳! 바로 세종특별자치시였다. 세종시 아파트의 분양가는 평당 600만 원 안팎으로, 24평대 기준 1억 5,000만~2억 2,000만 원이었다. 수도권 대비 월등히 쌌다. 일자리는 확실히 많았다. 공공 일자리가 많이 내려와 있었고 추가로 더 늘어날 예정이었다. 교통 면에서도 직주 근접이 가능했고, BRT라는 교통 호재도 예정돼 있었다. "이거다!" 쾌재를 불렀다.

알아보니 분양권 투자를 하기에 조건이 매우 유리했다. 당시 분양 조건은 지금과는 매우 달랐다. 계약금 10%만 내면 계약이 가능했고, 50%에 달하는 중도금은 무이자였다. 대출을 일으키거나 전세를 맞추면 잔금을 치르는 데도 무리가 없었다. 분양권 거래에 대한 제약도 없다시피 했다. 매매도 가능했다.

나는 과감히 결정하고 실행했다. 얼마 후에는 지난한 실패를 만회하고도 남을 수익을 거두었다. 내 의지와 계획대로 실현된 첫 번째 수익이었다. 통장 잔고가 한껏 부풀어 올랐을 때 '해냈다!'는 기쁨이 밀려왔다. 아니, 기쁨이라는 두 글자로 표현할 수 없는 감정이 북받쳤다.

사실 내게는 불우한 어린 시절을 보낸 사람들이 공통으로 갖고 있는 불신 같은 것이 있었다. '나 같은 게 되겠어?', '이런다고 뭐가 달라지겠어?', '내가 애쓴다고 누가 알아주기나 한대?' 누군가의 지지와 응원을 받아보지 못해, 나 자신도 나를 지지해주지 못했다. 그러했기에 투자 수익이 생기자 모든 것을 걸었던 도전에서 승리한 기분이었다.

그것은 '성공의 맛'이었다. 이제 나도 "할 수 있다.", "성공해서 원하는 삶을 살 수 있다.", "당신들이 알아주지 않아도 나는 내 노력을 안다!" 이렇게 외칠 자격이 생긴 것 같았다. 오랫동안 잠자고 있던 내 안의 거인이 눈을 뜬 것이다.

어부지리 성공도 성공이다
어떻게든 성공한 경험은 중요하다

"나도 월세 한번 받아보면 소원이 없겠네."

잠깐의 성공에 매료된 나는 다음 투자를 고민했다. 빠듯한 직장생활에 시간을 내기가 쉽지 않았다. 그러나 한번 성공을 해 보니 좀이 쑤셔서 가만히 있을 수 없었다. 그때 월세병에 걸렸다. 다달이 나가는 이자의 고통을 오래 경험했던 후라 숨만 쉬어도 들어오는 월세가 너무나 탐났다. 그때 눈에 들어온 것이 에어비앤비 사업이었다. 친구와 일본 여행을 가서 호텔 대신 에어비앤비를 이용했는데, 예상 외로 만족스러웠기에 한국에도 에어비앤비 같은 서비스가 들어오면 대박이 날 것 같았다. 호텔 가격보다 저렴하고 시설도 편리하니 너도 나도 이용하지 않겠나 싶었다. 며칠만 빌려줘도 웬만한 월세 정도는 나오니 에어비앤비로 임대사업을 해도 괜찮겠다는 결론이 나왔다. 하지만 서울에서 에어비앤비로 숙박업을 하려면 외국인 손님만 받아야 했다.

'까짓 거, 외국인 손님만 받으면 되지. 그럼 공항에서 지하철

로 올 수 있는 곳이면 되겠네.'

당장 에어비앤비 매물이 될 만한 아파트들을 알아보기 시작했다. 먼저 살펴본 곳은 가양동이었다. 가양동은 9호선 라인에 위치했고, 관광객은 김포공항까지, 월급쟁이는 강남까지 지하철을 이용할 수 있어 편해 보였다. 주공아파트 단지에 10평대 작은 매물도 있어 투자금도 적게 들어갈 것 같았다. 그러나 생각보다 투자금이 많이 필요했다. 대출을 일으켜도 구멍이 날 상황이었다. 그때 동업을 하기로 한 친구가 좋은 기회라며 자기 누나까지 셋이서 에어비앤비를 해보자고 했다.

당시 나는 분양권 거래만 해봤을 뿐 실물 부동산 거래에 대해서 아는 것이 하나도 없었다. 지금처럼 손품을 팔면 필요한 정보를 딱딱 찾을 수 있던 시절이 아니었다. 부동산 거래를 해보고 나서야 계약서에 사인을 하고, 매매 대금을 지불했다고 해서 아파트가 '뚝딱' 내 것이 되는 게 아니란 걸 알게 되었다. 매매 대금 외에도 취등록세, 부동산 중개 수수료, 법무사비가 필요했다. 대출을 받으려 하니 재직증명서부터 소득금액증명원, 등기부등본 등 몇 개나 되는 서류가 필요했다. 당시 절약병에 걸려 있던 나는 법무사비가 아까워 셀프 등기를 하려 했으나, 대출을 일으키면 셀프 등기를 할 수 없다는 걸 잔금일에야 알았다. 나와 달리 인심이 후했던 친구의 누나는 중개사에게 중개수수료를 넉넉히 챙겨주었다. 공동 투자이다 보니 짠돌이인 나도 장단을 맞출 수밖에 없었다.

우여곡절 끝에 첫 번째 월세 프로젝트가 닻을 올렸다. 결과부터 말하자면, 에어비앤비 사업은 실패로 끝났다. 외국인 임차인이 좋아할 만한 것들로 아파트를 꾸미고 적극적으로 홍보도 했으나 손님들은 우리 아파트를 찾지 않았다. 뒤늦게 조사해 보니, 인근에 비슷한 조건의 경쟁 상대가 너무 많았다. 초보 임대인이었던 우리는 홍보가 서툴렀고 적극적인 관리도 하지 못했다. 공실이 계속되는 사이 월세에 대한 열정도 식어버렸다. 집은 거의 방치되다시피 몇 달이 지났고 결국 월세입자를 들이게 되었다.

여럿이 공동투자를 시작할 때는 분위기가 좋다. 이익이라는 공동 목표를 향해 한 배를 탈 정도로 서로에 대한 신뢰가 돈독하다고 믿기 때문이다. 그러나 시간이 갈수록 문제가 생기기 시작한다. 누군가는 현재의 수익이 마음에 안 들고, 누군가는 급전이 필요하고, 누군가는 이사를 가기도 한다. 그렇게 삐거덕거리기 시작하면 매도 혹은 계약 해지밖에 답이 없다. 우리는 친구의 누나가 급전이 필요하다는 말에 매도를 하게 되었다.

부동산 중개 사무소를 찾아가는 발걸음이 천근만근이었다. 에어비앤비 사업은 손님이 없어 끝이 났지, 동업하기로 한 누나는 급하게 돈이 필요하지……. 그러나 중개 사무소를 방문하고 몇 분 만에 나는 희소식을 듣게 됐다. 불과 1년 반 전에 2억 2,000만 원이던 아파트가 3억 중반까지 올랐다는 것이다. 부동산 중개사의 말을 들으면서도 믿기지 않았다.

'서울 외곽에 있는 작은 아파트가 이렇게나 많이 올랐다고?'

시세대로 매도한 후 부동산 투자에 대해 진지하게 고민해 보기 시작했다. 입지 분석을 하고 시장의 흐름을 제대로 읽을 수 있다면 확실한 수익을 만들 수 있다는 확신이 생겼다. **어부지리식 성공이었으나 어쨌든 성공은 성공이었다. 월급쟁이가 아닌 한 사람으로서 경제적 자유를 달성할 수 있는 방법이 확실히 존재한다는 확신을 갖게 됐다.** 나는 본격적으로 부동산을 공부하기 위해 강의를 찾아 듣기 시작했다.

성공은 전염된다
한 번 성공하면 열 번도 성공할 수 있다

"그 친구는 어떻게 됐어요?"

내게 동기들의 안부를 묻는 수강생들이 있다. 실전반에서 만났지만 고만고만한 실력이다 보니 초반에는 질문이 많다. 서로 적극적으로 정보를 교환하고, 한두 달만 지나면 삼삼오오 짝을 이루어 임장도 다닌다. 눈앞의 물건을 두고 서로의 의견이 달라 결정을 못 할 때는 나를 찾아온다. 누군가는 투자를 결정하고 누군가는 다음 기회로 미룬다. 그렇게 한 기수가 끝나면 이제 각자도생이다.

그러나 강의가 끝났다고 강사의 일이 끝나는 건 아니다. 한동안 A/S가 계속된다. 급매가 나왔는데 어느 정도까지 가격 조정이 될지, 근저당이 많이 잡힌 물건을 사도 되는지, 전세입자를 맞출 때 어느 정도까지 인테리어를 해줄지 등 수강생들은 판단하기 어려운 것들을 묻기 위해 전화나 이메일로 연락을 해온다. 상담이 어느 정도 진행된 후에는 같이 수업을 들었던 동기들의 안부를 묻는다.

많은 수강생들을 보면서 든 생각은 "잘된 놈은 말이 없다."는 것이다. 처음이 서툴고 힘들 뿐이다. 일단 매매를 통해 수익을 경험한 수강생은 더 이상 '수강생'이 아니다. 본인들도 그런 줄 안다. 웬만한 것은 손품을 팔고, 안 되면 발로 뛰어서 어떻게든 해결해 낸다. 더 이상 상담도 필요 없다. 부동산 사무실, 법무사 사무실, 시청·구청·동사무소, 그리고 등기소까지 섭렵하며 필요한 것들을 진행시킨다. 혼자서 제 갈 길을 가는 것이다.

수강생을 투자자로 만드는 것도 '한 번의 성공'이다. 자신이 하는 일이 효과가 있으리라는 확신이 없을 때도 자신을 내던지며 앞으로 나아가는 일은 가혹하리만큼 힘이 든다. 하지만 일단 성공을 경험하기만 하면 열 번도 성공할 수 있다는 자기 확신을 갖게 된다. 그 다음부터는 '내가 얼마나 준비가 돼있나?', '내가 얼마나 과감하게 도전할 수 있나?' 이 두 가지 질문에 대한 답만 찾으면 된다.

나를 본격적인 투자의 세계로 이끈 것도 '성공의 경험'이었다. '성공'이 중요하다. 사람들은 실패의 경험에서 배우라고 한다. 그러나 실패에서 배우는 게 말처럼 쉽나? 헛웃음이 절로 나온다. 고수들에게도 실패는 쉽지 않은 경험이다.

실패한 이들이 실패에 머무는 것은 게으르기 때문이 아니다.

상처투성이 패잔병에게 총칼을 쥐어주며 "죽을힘을 다해 싸우라!"며 다시 전장으로 내몰면 맞이하는 것은 죽음뿐이다. 패잔병이 다시 전장으로 나가려면 '확실한 동기'가 있어야 한다. 승리에 대한 기대가 하나도 없는 상황에서는 어느 누구도 전쟁터에 나가려 들지 않는다.

투자의 세계에서 '성공'은 멀리서 들리는 아군의 나팔소리 같은 것이다. **다시 일어설 힘은 거기에서 시작된다. 시작하는 투자자들은 앞뒤 가리지 말고 첫 성공에 매달려야 한다.**

5

배운 것이 없어서
못한다는 것은
변명이다

많은 투자자로부터 "아는 것이 없어서 못한다."는 변명을 자주 듣는다. 무슨 일이든 시작할 때 '공부'가 필요한 것은 맞지만, 완벽하게 배우고 난 뒤에 투자를 시작하겠다는 것은 틀린 생각이다. 투자도 배우면서 할 수 있는 일들 중 하나일 뿐이다.

현장에 나가보면 정말 무식한 투자자들이 많다. 부동산은 물론 경제 전반에 대한 지식이 거의 없다. 그런데도 그들의 투자 이력은 매우 화려하다. 서울, 대전, 대구, 부산 등 전국에 안 다닌 곳이 없고 아파트, 상가, 지식산업센터 등 안 만져본 부동산이 없다. 그들은 알아야 할 것만 딱딱 익혀서 실전에 써먹으며 그 자리까지 올라온 사람들이다.

물론 무식한 투자를 추천하는 것은 아니다. 그러나 잘못된 선입견 때문에 시간을 갉아먹진 말아야 한다. **투자에 필요한 지식은 의외로 제한적이며, 경제와 부동산 전반에 대해 알고 있다면 투자자로서의 기본 자격은 갖추었다고 생각해도 된다.** 이제 하산해서 실전 투자에 나설 때다.

가장 안 좋은 경우는 공부를 취미로 삼는 사람들이다. 그들은 공부를 하면서 "나는 뭔가를 하고 있다."는 자기 위안을 한다. 중개사 K도 그런 사람 중의 하나였다. 칠순을 넘긴 나이에도 여전히 책을 놓지 못하고 있는 K의 사무실에는 부동산 책들이 즐비했다. 부동산 사무실인지 연구실인지 분간이 안 될 정도로 사방이 책으로 가득했다. 이야기를 들어보니 그는 젊은 시절부터 그렇게 열심히 공부를 했단다.

문제는 중개사 K가 그렇게 사는 동안 가족의 생계는 그의 아내가 책임졌다는 사실이다. K는 젊었을 때 공무원을 그만두고, 1회 공인중개사 시험 때 자격증을 땄다. K는 부동산 중개소를 차린 후 아내에게 운영을 맡긴 채 자신은 내내 책을 보며 여유를 즐겼고, 기껏해야 사무실 문을 여닫는 정도의 일만 했다. 손님 응대나 계약서 작성 등은 어깨 너머로 중개업을 배운 아내의 일이었다. 부동산 중개소 운영뿐만 아니라 가정을 건사하고 3남매를 키운 것도 오롯이 아내의 일이었다고 한다. K에게 "투자에 관심이 많으시냐?"고 물었더니 "재테크에 대해 웬만큼은 안다."고 답했다. 나도 모르게 "구슬이 서 말이면 뭐하나……."라는 말이 나왔다.

공부를 시작하는 이들에게 나는 "최대 6개월까지다. 이후에는 현장에 나가 있어야 한다."고 말한다. **부동산 공부는 자기 수련을 위한 것이 아니다. 시험을 봐서 합격해야 시작할 수 있는 것도 아니다. 오롯이 수익을 위한 것이다.**

당신의 꿈이 부동산 전문가가 아니라면 너무 많이 읽지 마

라. 너무 많이 보지 마라. 한두 권의 책을 읽었다면, 한두 번의 강의를 들었다면, 거기서 멈춰라. 무조건 현장으로 나가라. 거기서 배울 수 있는 것이 몇 권의 책과 몇 개의 강의가 알려주는 것보다 훨씬 더 많다.

직접 해본다 임장을 간다
경매에서 수익을 내는 간단한 방법

경매는 부동산 투자를 시작한 내게 자신감을 불어넣어 주었다. 내게 경매는 안성맞춤의 시장이었다. '싸게 살 수 있다'는 점이 경매의 가장 큰 매력이다. 나는 대부분의 시간을 돈 없이 보냈다. 그럼에도 고수익을 원했다. 할 수 있는 것이 경매밖에 없었다.

처음에는 확신이 잘 서지 않았다. 그래서 책도 읽고 강의장도 다녔다. 간을 보면서 내가 할 수 있을지 계산기를 두드려 보았다. 한 번은 유명 저자가 운영하는 카페에 가서 많은 도움을 받았다. 여러 사람을 만나고 성공담도 들으니 나도 할 수 있을 것 같은 자신감이 생겼다.

경매를 해보자는 마음을 먹고 두 가지 계획을 세웠다.

첫째, 직접 해본다.

둘째, 무조건 임장한다.

사람들과 어울리면서 알게 된 사실은 의외로 많은 사람들이 강의만 듣고 현장에는 가지 않는다는 것이었다. 커리큘럼에 임장도 있고 법원 탐방도 있지만 그때뿐이다. 10명 중 절반 이상은 강의만 듣고 일상으로 돌아갔다.

나는 경매가 무엇인지 궁금해서 강의를 들은 것이 아니었다. **간절히 수익을 원했다. 그래서 직접, 이왕이면 열심히 해보기로 했다.** 사실 경매장에 가는 것, 임장을 다니는 것은 육체적으로 매우 피곤한 일이다. 특히 아무런 소득도 보장되지 않을 때는 '가지 말까?' 하는 악마의 유혹을 수시로 마주쳤다. 그러나 나는 무조건 갔다. 1년에 200건 이상 임장을 나갔던 걸로 기억한다.

가끔 내 계획을 주변 사람들에게 말하면, "참 피곤할 텐데. 굳이 그렇게 할 필요가 있을까?"라며 반대하는 이들도 있었다. 그들은 시간을 효율적으로 사용하지 못한다는 단점을 지적했다. 강사들은 직접적으로 '될 만한 물건만 골라서' 임장을 하고 경매장에 가라고 했다. 그러나 당시의 나는 효율을 따질 만큼

'스마트'한 상태가 아니었다. **아는 게 없고, 돈은 더 없으니 몸으로라도 때워야 한다고 생각했다.**

현장에 가는 것은 실제로 도움이 됐다. 임장을 갔던 물건이 어떻게 팔리는지, 어떤 사람들이 경매장에 오는지 직접 보고서야, 경매에 참여한다면 어떻게 할지 시뮬레이션을 해볼 수 있었다.

어느 정도 자신감이 생긴 후에는 직접 경매에 참여하기 시작했다. 이때는 수익률을 높이기 위해 두 가지 원칙을 세웠다. '팔리는 곳'을 '싸게 산다'.

그때까지 내가 파악한, 경매에 참여하는 사람들의 방식은 대충 이러했다. 먼저 시장의 움직임을 파악한다. 가격이 오를 곳을 예상하고 선점한다. 그게 어렵다면 이미 가격이 오른 곳을 유심히 살핀다. 수익을 위해 추격 매수를 시도한다.

나는 경매뿐만 아니라 부동산 초짜였다. 시장의 흐름을 예상하고 전략을 펼칠 주제가 아니었다. 이미 분양권 투자에서 예상했던 시장의 흐름이 빗나갔을 때 닥치는 위험이 얼마나 크고 쓰린지 경험해 보았다. 그래서 다르게 가기로 했다. 거래가 되는 곳의 물건을 싸게 샀다. 거래가 원만히 이루어지는 곳의 물건을 싸게 살 수만 있다면, 수익을 거두는 것도 어렵지만은 않다고 판단했다. 두 가지 원칙을 충실하게 지킨다면, 필요 없는 수고를 하지 않고 낙찰률을 높일 수 있었다.

일례로 아파트를 한 채 산다고 해보자. 위치, 세대수, 방향, 구조, 층수, 교통, 학군 등 재고 가려야 할 것이 한두 가지가 아니다. 모든 요건을 갖춘 물건을 찾는 것도 쉬운 일이 아니다. 그런데 거래 방식이 경매라고 치면 원하는 물건을 낙찰 받을 가능성은 더 낮아진다. 나한테 좋은 건 남한테도 좋으므로 낙찰가는 올라갈 수밖에 없다. 저가 낙찰을 기대하는 내가 낙찰을 받을 확률은 매우 낮다. **낙찰을 못 받으면 수익도 없다. 그러므로 재고 따지는 게 많을수록 내게는 불리한 게임이다.** 나는 재고 따지는 수고를 들이지 않아도 되고, 많은 사람들이 입찰하지 않아 낙찰이 예상되는 물건에 집중했다. 거기서 수익을 만들기로 했다.

실제로 두 가지 원칙만 지켰을 뿐인데 나는 경매에서 원하는 수익을 내기 시작했다. 싸게 낙찰을 받으면, 설령 물건이 B급이나 C급이라도 거래가 가능했다. 이미 거래가 활발히 이루어지는 곳은 물건을 기다리는 대기 수요도 항상 있었다. 최고의 물건이 아니기 때문에 가격을 좀 낮춰주면 됐다. 그렇게 거래가 성사됐다. C급 물건이라도 수익을 내는 데는 문제가 되지 않았다.

많은 수강생들이 착각하는 것 중의 하나가 많이 알면 더 많이 벌 수 있다는 것이다. 점수로 인간을 평가하고 서열을 나누는 공교육이 만든 엄청난 폐단이다. 지식을 뽐내는 싶다면 '장학퀴즈'에나 도전하라. 부동산 투자는 그런 판이 아니다. 비전문가들은 특수 물건을 해결하면 높은 수익을 올릴 수 있을 거라고 생각하지만, 실상은 그렇지 않다. 하이 리스크 하이 리턴 시장만 노리는 숨은 고수들이 상당하다. 세상에 만만한 시장은 없다. 현장에 가서 자신이 세운 원칙대로 투자를 반복해야 한다. 이것이 가장 중요하다.

경제와 부동산의 역사
꼭 필요한 부동산 공부는 따로 있다

"잘 모르는 상태에서 투자를 시작하는 건 너무 위험한 거 아닙니까?"

맞다. 그래서 나도 재테크를 하려는 이에게 "공부부터 하라."고 말한다. 내가 말하는 공부는 크게 어려운 것도, 시간이 많이 들어가는 것도 아니다. '경제 공부(인플레이션의 원리)'와 '대한민국 부동산의 역사' 이 두 가지는 반드시 알아야 한다. 이유는 간단하다. 지피지기(知彼知己)면 백전불패(百戰不敗)! 경제적 자유를 위해선 무엇이 필요한가? 돈이 필요하다. 그럼 돈이 어떤 원리로 굴러가고 불어나는지 알아야 한다. 대한민국 부동산 시장의 역사까지 알면 기본 지식은 다 갖췄다고 할 수 있다.

간단한 질문을 해보자. 당신은 돈에 대해 어느 정도의 지식을 갖고 있나?

"인플레이션은 왜 일어나는가?"와 "대한민국 부동산의 역사를 대충 읊을 수 있는가?"에 대해 제대로 답할 수 있다면 이 장은 그냥 넘어가도 된다. 잘 모르겠다면 다음의 내용을 읽고, 이해하고, 그래도 모르겠다면 관련 지식을 찾아 더 공부해야 한다.

먼저 인플레이션에 대해 살펴보자. 인플레이션과 관련하여 가장 중요한 사건은 1971년, 미국에서 '금태환제'를 중단한 것이다. 금태환제란 달러를 금과 바꿔주는 제도이다. 이때만 해도 통화 가치는 금 무게를 기준으로 고정됐었다. 미국은 금 1온스(28.34그램)당 35달러로 고정했다. 미국뿐 아니라 많은 나라들이 금 총량에 따라 통화 공급량을 결정했다. 금태환제가 있던 시절에는 통화량을 마음대로 조정할 수 없었다. 통화가 제한되다 보니 물가는 안정적이었다. 게다가 환율 변동에 대한 걱정도 없었다. 국제통화기금 가맹국들은 달러에 자국 통화의 환율을 고정해 1% 이내에서 변동을 허용하는 고정 환율제를 채택했다. 그러나 금태환제는 여러 부작용을 낳았다. 금 공급량이 세계 교역량과 부의 증가를 따라가지 못하자 디플레이션이 발생했다. 불황이 시작되면 정부는 금리를 내려 경기를 부양하려 하지만, 금태환제 때문에 이조차 마음대로 할 수 없었다.

미국이 금태환제를 포기한 데는 역사적 배경이 있다. 활황기를 통과하던 1960년대 후반, 미국은 국제수지와 물가관리가 점점 어려워졌다. 특히 1968년에 미국은 경상수지 적자에 베트남전 참전으로 국방비 지출이 늘어났다. 정부 지출이 비정상적으로 늘어나자 달러화의 가치는 점점 떨어졌다. 금은 1온스당 35달러로 고정 자산이었으나, 시장에서 금 1온스의 가격은 60달러대로 치솟았다. 누구나 35달러로 금 1온스를 받아서 시장에 내다팔면 그만큼의 차익이 생기는 기이한 상황이 연출됐다. 이와 연동해 물가도 올랐다. 닉슨 대통령은 더 이상 금태환제를 지킬 수 없다고 판단했다.

1971년, 미국은 금태환 중지를 선언했다. 이후부터 물가가 상승했다. 1970년대 후반에는 하이퍼인플레이션을 경험했고, 두 차례 오일쇼크 이후에는 연방준비은행에서 금리를 20%까지 인상시켰다. 고금리 정책으로 달러 약세는 끝이 났는데, 이런 흐름은 1985년까지 이어졌다.

이후 지금까지 미국 연방준비은행은 금리를 통해 통화량을 조절하고 환율도 조정한다. 금본위제를 폐지하자 중앙은행의 역할은 더욱 중요해졌고 금리 정책은 시장을 조종하는 매우 유용한 카드가 됐다. 미국뿐 아니라 많은 나라에서 금리를 움직여 경기에 신속하게 대응할 수 있었다. 이러한 상황이 오래 유지되면서 금리는 경기 변화를 예상할 수 있는 가장 확실한 지표로 자리매김하게 됐다.

이 밖에도 금리가 경제에 미치는 영향, 활황과 불황의 사이클 등을 이해해 두면 글로벌 경기를 확인하고 투자의 방향을 잡는 데 요긴하다.

다음으로 대한민국 부동산에 대해 전체적인 조망을 해두는 것이 좋다. 서울 아파트 매매가격지수를 살펴보면, 의미 있는 하락이 4번 있었다. 1991년 1기 신도시 발표 후, 1997년 외환위기, 2009년 이후 보금자리주택 공급과 공공기관 지방 이전 발표, 그리고 2022년 급격한 금리 인상기이다. 이 시기를 제외하고 아파트 가격은 전체적으로 우상향했다. 1년 단위로 끊어 상승과 하락을 평가하자면, 80% 이상이 상승과 보합장이었다.

서울 아파트 가격의 상승 요인은 여러 가지였다. 우선 대한민국 경제가 급격하게 성장했고, 주요 도시의 세대수도 빠르게 늘어났다. 개인들의 점유 면적 요구량도 점차 커졌다. 이러한 흐름과 물가인상이 맞물리면서 서울 아파트의 평당 가격은 2010년 1,848만 원에서 2020년 3,166만 원으로, 2025년에는 4,510만 원으로 치솟았다.

"앞으로 대한민국 부동산 가격이 어떻게 움직일 것인가?"

전문가들의 의견은 분분하다. 투자자 개개인의 의견도 다를 수 있다. 중요한 것은 스스로 답을 찾으려 노력해야 한다는 것이다. 투기와 투자를 가르는 기준점 역시 알고 모르고의 차이일 뿐이다.

투자자에게 수익은 리스크 테이킹의 결과다. **투자는 모두가 "YES"라고 할 때 "NO"라고 답할 줄 아는 투자자가 고수익을 가져가는 게임이다.** 남들과 다른 답을, 그것도 맞는 선택을 하려면 먼저 그 기준과 판단력을 갖추고 있어야 한다.

꺾인 무릎을 다시 세울 때
책이 위로를 주고 조언도 해줄 것이다

어느 정도 지식이 쌓여 실전에서 투자를 하다 보면 '책 읽기'가 예전만큼 재밌지 않게 된다. 대충 아는 내용이라 집중도 안 되고, 다소 과장된 내용, 현장과 일치하지 않는 내용에 인상이 구겨져 읽던 책을 내동댕이치게도 된다. 그래도 나는 꾸준히 책을 읽어내는 편이다. 좋은 책은 두세 번씩 읽는다. 왜? '읽는 것' 자체가 '능력'이기 때문이다.

투자에서 중요한 것 중 하나는 정보를 지속적으로 업데이트하는 것이다. 투자 트렌드도 바뀌고, 정책도 바뀌고, 경제 환경도 바뀐다. 이러한 정보들은 대부분 활자로 전해진다. 글을 읽어서 그 정보를 머리에 집어넣어야 제대로 된 의사 결정을 할 수 있다. 역으로, 만일 '읽는 능력'이 부족하거나 갑자기 어려워진다면, 투자에 커다란 위협이 될 수 있다. 투자를 오래하기 위해 '읽는 능력'은 늘 갈고 닦아야 한다.

또 하나, 읽는 것은 지식을 채워 넣는 것만큼 열정을 채워 넣는 데도 효과적이다. 초보 투자자 시절, 나는 많은 시행착오를 겪었다. 누구에게도 추천하고 싶지 않은 경험들이었다. 돈을 잃으면 몸과 마음이 큰 손상을 입는다. 열심히 일해서 모은 돈을 잃게 됐을 때, 정확히는 마이너스 피가 붙은 분양권을 붙잡고 이자를 꼬박꼬박 내야 했을 때, 정말 날카로운 칼에 베이는 듯한 통증을 느꼈다. 장장 4년여 동안을 그렇게 버텼다. 정신이 피폐해져 살아가는 것 자체가 무의미하게 느껴졌다. 내게 책이라도 없었다면 당장 한강으로 달려갔을 것이다.

그때 읽은 자기계발서와 투자서는 내 영혼의 '에너지 드링크'였다. 성공한 투자자들도 나와 같이 힘든 시기를 보냈다는 이야기를 읽으며 크게 위로를 받았다. 한때 고분양가로 비쳤던 많은 아파트들도 시간이 지나면서 나타나는 인플레이션으로 적정 가격이라는 평가를 받았다는 내용을 읽었을 때는, 하늘에서 구원의 빛이 내려오는 것만 같았다. 투자의 사계는 돌고 돌아 상승과 하락, 호황과 불황을 반복하면서 투자자에게 안정된 수익을 가져다준다는 내용을 읽을 때는 나도 곧 부자가 될 것 같아 마음이 설레었다.

투자와 관련된 책에는 누군가의 성공담과 실패담, 시장에 대한 분석과 평가, 향후 준비해야 할 것들이 빼곡히 적혀 있다. 어떤 책이든 읽고 나면 '내게 기회가 올 것 같은' 기대로 마음이 벅

차오른다. **투자에 대한 열정이 식어갈 때, 제대로 가고 있는지 의심스러울 때, 실패로 낙담할 때 책은 다시 한번 힘을 낼 에너지를 준다.**

"투자라는 전쟁터에서 이미 패잔병으로 낙인 찍힌 자들이여! 꺾인 무릎을 다시 세우기 위해 총 대신 책을 들어라!"

미친 척, 밑져야 본전이니 한번 해보라. 절대 실패하지 않을 것이다.

6

가진 게 없을수록
시장을 알아야 한다

부동산에 대한 공부를 시작했을 때 나를 사로잡은 책 중 하나가 《하우스 푸어》(김재영 제)였다. 저자는 MBC 〈PD수첩〉에서 부동산, 그중에서도 재건축과 관련된 방송을 여러 편 만들었던 PD로, 취재했던 내용들을 모아 책을 썼다. 2010년만 해도 '하우스 푸어'는 신조어였다. 집은 있지만 집 때문에 가난해진 사람들의 이야기에 관심이 생길 때였다. 2006년 전후로 과도하게 빚을 내 집을 산 사람들이 많았는데, 2008년 글로벌 금융위기로 부동산 거품이 꺼져버렸다. 과도한 빚, 높은 이자에 허덕이는 이들을 이때부터 '하우스 푸어'라 부르게 됐다.

책을 읽으면서 팔리지 않는 집 때문에 절망하고, 꼬박꼬박 내야 하는 이자에 허덕이고, 집이라는 족쇄에 매여 사는 가난뱅이 삶이 얼마나 무서운지 알게 됐다. 그래서 '집의 노예가 되지 말자.'고 다짐했고, 실제로 몇 년간은 재건축이나 분양 시장에 얼씬도 하지 않았다. 부동산 시장이 활기를 되찾고 있다는 뉴스가 나오면 '건설사의 광고지로 전락한 언론이 똑같은 짓을 하고 있다.'며 정신 줄을 단단히 붙잡았다.

하지만 몇 년 후 세상이 달라졌다. 《하우스 푸어》에서 전망했던 아파트 공화국의 암울한 미래는 실현되지 않았다. 2014년을 기점으로 부동산 매매가격지수는 다시 오름세를 그리기 시작했다. 이유는 복잡하고도 간단했다.

하우스 푸어라는 말에 설득된 사람들은 집을 사지 않았다. 그래서 전세를 찾는 사람들이 많아졌다. 그러나 전셋집은 그냥 만들어지는 게 아니다. 누군가 집을 사서 전세를 놓아야 한다. 집을 사는 사람이 없으면 전셋집을 내줄 임대인도 줄어든다. 당연히 전세가가 올라간다.

2015년을 정점으로 '전세 난민'이라는 말이 나올 정도로 전셋집을 구하는 게 '하늘의 별따기'가 됐다. 정부는 전세 문제를 해결하기 위해 전셋집 공급을 늘리는 다주택자를 양산하는 정책을 펼칠 수밖에 없었다. 그 과정에서 집값이 다시 꿈틀대기 시작했다.

'하우스 푸어'라는 신조어가 만들어진 후 거의 10년 만인 2020년, 시사상식 사전에는 '벼락거지'라는 신조어가 등장했다. '자신의 소득에 별다른 변화가 없었음에도 부동산과 주식 등의 자산 가격이 급격히 올라 상대적으로 빈곤해진 사람'을 말한다. 월급만 모으고 재테크를 하지 않았던 사람들이 하루아침에 거지로 전락하고, 나만 뒤처진 것 같다는 박탈감에 모두가 이불킥을 하며 잠을 설쳤다.

2024년에는 '빚투', '영끌', '부동산 블루(우울증)'라는 말이 유행

했다. 그러나 '하우스 푸어'에 대한 걱정은 많이 줄었다. 《하우스 푸어》의 걱정은 신기루에 지나지 않았다는 것을 모두가 알았기 때문이다.

'재건축의 늪에 빠진 가락시영 아파트', '빚더미 위에 부동산 로또, 판교 신도시', '두바이, 상해를 꿈꾸었던 국제도시 송도의 허상' 어떤가? 이런 타이틀에 공감이 되나?

재건축의 늪에서 헤어나지 못할 거라던 가락시영 아파트는 2018년 12월 헬리오시티로 재탄생했다. 6억 중반이었던 25평 실거래가는 25억(2025년 7월 기준)까지 올라갔다. 빚더미에서 시작했던 판교 신도시는 직주 근접에 강남까지 이어지는 교통으로 누구나 살고 싶어 하는 신도시로 꼽히고 있다. 송도 역시 센트럴파크를 중심으로 자연 친화적이면서도 화려한 도시로 거듭나고 있다. 지하철역도 생겨 직주 근접 문제까지 해결됐다.

시장의 미래는 누구도 단언할 수 없다. 시장에 대한 통찰과 혜안 없이 현재의 모습이 영원히 계속될 것이라고 믿었다가는 백전백패를 당할 수밖에 없다. 《하우스 푸어》에 심취했던 내가 "혹시 틀릴 수도 있지 않을까?"라는 의심을 품으며 세상으로 눈을 돌리지 않았더라면, 현재의 얼음공장은 없었을 것이다. 피눈물을 흘리고 있는 '벼락거지' 중의 한 명이었을 것이 뻔하다.

역사는 반복된다
침체기 후에 반드시 호황기가 온다

《이번엔 다르다》라는 책이 있다. 천재 경제학자로 불리는 케네스 로고프 하버드대 교수는 800년 동안 66개국에서 반복된 호황과 불황의 역사를 통해 금융 흐름의 패턴을 발견했다. 사람들은 호황기에 '이번엔 다르다'며 영원히 호황이 계속될 것처럼 말하지만, 언젠가 버블은 꺼지고 불황 끝에 새로운 버블이 탄생한다는 것이다. '현재의 시장이 영원할 것이라는 믿음'은 틀렸다. **변하지 않는 시장이란 없다. 과거에도 그랬고 미래에도 그러할 것이다.**

코로나로 사회적 거리 두기가 시작되던 2020년 8월, 우리나라의 마스크 제작사는 137개사에 불과했다. 그래서 급격히 늘어난 마스크 수요에 대응하지 못했다. 수출이 제한되고 경찰에서 담합 거래를 수사했다. 사장 아들이 마스크를 빼돌렸다가 수사를 통해 적발되기도 했다. 그래서 많은 이들이 마스크 제작에 뛰어들어 마스크 제작사는 기존의 10배가 넘는 1,700곳까지 급증했다. 그러나 활황은 오래가지 못했다.

시장이 꺾이면서 여기저기서 곡소리가 났다. 2023년 2월, 사회적 거리 두기가 해제될 때 국내 마스크 제조사는 1,505개사가 되었다. 마스크 의무화가 사라지자 마스크 가격은 급락했다. 수요는 줄고 공급자는 많으니 생산비용에도 미치지 못하는 가격으로 덤핑 판매가 되기도 했다. 곧이어 영세업체부터 문을 닫기 시작했다. 이들이 말한 적자는 수십억에 달했다.

코로나는 전례 없는 사건이었지만, 전염병의 역사에서 보면 '또 한 번의 팬데믹'에 지나지 않았다. 14세기 유럽의 흑사병, 17세기 신대륙의 천연두, 1918~1919년의 스페인 독감 등 무수한 팬데믹에서 인류는 살아남았고, 팬데믹은 어떤 형태로든 종식되었다. 현대에 가까워질수록 팬데믹의 유행 기간은 점점 짧아졌다. 이러한 배경을 이해한다면 문외한이던 사업자가 무턱대고 마스크 생산업에 뛰어드는 일은 하지 않았을 것이다.

마스크 산업의 흥망성쇠는 '시장은 변한다'는 것을 보여주는 작은 사건에 불과하다. 호황과 불황은 끊임없이 반복된다. 이를 '경기'라고 부른다. 투자자가 알아야 할, 경기에 영향을 미치는 요소는 크게 세 가지이다.

첫 번째는 투자자다. 일반적인 투자자는 잠재적 위험을 충분히 평가하지 않고 낙관적으로 미래를 본다. 주식이나 아파트 가격이 계속 오를 것이라는 예측을 믿는다. 이런 낙관론은 시장의 버블을 일으키고, 한순간 버블이 터지면 시장은 붕괴한다. 두 번째는 경제의 순환 사이클이다. 경제 성장은 단번에 일어나지 않는다. 계단식으로 움직이기도 하고, 이보 전진에 일보 후퇴를 하기도 한다. 그러나 확장과 침체는 계속 반복돼 나타난다. 마지막으로 정부의 영향이다. 정부는 경제를 살리기 위해 금리를 움직이고 직접 돈을 푸는 재정 정책을 펼친다. 잘못된 정책으로 침체나 버블이 나타나기도 하지만, 하나의 경제상황이 지속되는 것을 막기 위해 정부는 생물처럼 시장에 관여한다.

투자자는 각각의 요소들이 시장과 어떤 상호작용을 펼치는지 알아야 한다. **투자자에게 과거의 역사는 '기출 문제'와 같다. 기출 문제를 많이 풀수록 실전 문제에도 자신감이 붙는다.**

나는 가난뱅이 투자자였다. 한 번의 실패라도 덜하려고 노력했다. 그래서 남들은 거들떠보지 않는 책을 보고 유튜브도 보았다. 현재의 호황으로 미래를 낙관하거나 현재의 불황으로 미래를 비관하는 것들은 가장 먼저 걸렀다. 도끼로 내리 찍듯 내가 가진 선입견, 오류, 착각을 깨주는 것들만 보고 들었다. 그렇게 스스로를 터트리면서 시장을 배워나갔다.

벼락거지가 되고 싶지 않다면 가격 결정의 원리를 알아야 한다

대한민국에서 부동산 가격을 결정하는 것은 크게 두 가지다. 정부의 정책과 시장의 수급.

정부의 정책은 크게 '안정화'와 '활성화'에 집중된다. '집값이 너무 올랐다' 싶으면 안정화 정책을, '집값이 너무 떨어졌다' 싶으면 활성화 정책을 내놓는다. 그러나 정부의 정책은 참고만 할 뿐 주요 자료로 삼아서는 안 된다. 정부는 늘 집값을 잡겠다고 했지만 대부분이 잡지 못했다. 부동산을 부양하겠다고 했으나 단기간에 부양에 성공한 사례는 손에 꼽을 정도다. 독재 정권처럼 탱크로 밀어붙이는 방식이 아니라면 시장에서 정부 정책이 효과를 내기까지는 한참이 걸린다. 부동산 가격의 열쇠는 정부가 아니라 시장이 쥐고 있다고 봐야 한다.

부동산 시장도 시장이다. 수요와 공급이 만나는 지점에서 가격이 결정된다. 각종 언론에서는 투자 수요가 부동산 시장을 쥐락펴락해서 아파트 값이 하늘 높은 줄 모르고 올라갔다고 하지만, 실거주자 수요가 없는 상황에서 투자 수요만으로 가격을 끌어올린다는 것은 불가능하다.

정부가 전세난을 해결하기 위해 다주택자를 양성하고 전세 대출을 풀기 시작하면 투자 수요가 움직이기 시작한다. 그러나 실수요자 수요는 크게 영향을 받지 않는다. 실수요자는 신규 분양과 입주 물량에 더 영향을 받는다. 신규 분양에 실패한 실수요자가 '꿩 대신 닭'이라는 심정으로 구축을 사기 시작해야 부동산 가격이 상승하기 시작한다.

그렇다면 2025년 현재, 많은 부동산 투자자들이 가격 상승을 기대하는 이유는 무엇일까? 정답은 공급 부족이다.

물론 시장이 좋으면 수요가 늘고, 시장이 나쁘면 수요가 줄어든다. 하지만 이는 어디까지나 미래의 일이라, 산술적인 평균 역시 함께 고려할 필요가 있다. 서울의 연간 필요 입주 물량은 약 4만 8,000가구다. 멸실, 분가, 이혼 등으로 필요한 절대 물량이 있다.

주변을 둘러보라. 사람들은 아파트를 선호한다. 하지만 2024년 이후 3년간 예상되는 입주 물량은 예상 수요에 한참 못 미친다. 서울 아파트의 산술적 수요는 연간 약 4만 8,000가구인데, 입주 물량은 2025년 3만 9,000가구, 2026년 1만 1,000가구, 2027년 1만 가구에 불과하다. 고금리에 부동산 침체기를 겪으며 분양 물량이 확 줄어든 것이다. 게다가 아파트는 한두 해에 뚝딱 만들어낼 수 있는 공산품이 아니다. 공급 부족은 장기간 지속될 것이 뻔하다.

물론 이전의 고금리가 재연되고 부동산 시장이 완전히 얼어붙는다면 수요 부족으로 공급 부족을 어느 정도 커버할 수도 있다. 거기에 '비싸다'는 이유로 집을 포기하는 실수요자들이 속출할 수도 있다. 그러나 집은 인간에게 필수재다. 언제까지 수요를 꽁꽁 동여맬 수는 없다. 가격 결정 이론에서도 공급에 의한 하락은 일어날 수 없는 미래인 셈이다.

중요한 건 정치가 아니라 정책이다
투자 환경을 좌우하는 정책에 집중하라

정치 이야기를 하면 뭇매를 맞기 십상이지만, 반드시 관심을 가져야 하는 부분이다. 요즘 정치는 '예능'보다 재미있다. 지지자들의 팬덤도 '연예인 저리 가라'다. 덕분에 자극적인 이야기들이 신문방송, 유튜브에도 퍼져나간다. 이런 상황에서 투자자라면 정신 줄을 잘 붙들어 매야 한다. 아무 실속도 없이 휩쓸려 다니는 것은 '정치 건달'이나 하는 짓이다. 투자자는 정치보다 정책에 관심을 가져야 한다. 내 밥그릇을 잘 챙기라는 말이다.

우리나라 정부의 1년 예산이 얼마일까? 600조 이상이다. 그중 세금이 300조 이상을 차지하고, 나머지는 국채 발행이나 이자, 기금 수입으로 충당한다. 정부는 경제 3대 주체의 하나로 엄청난 양의 돈을 쓰는 조직이다. 이런 정부의 의사 결정을 모아 놓은 것이 정책이다. 엄청난 돈이 쓰이는 만큼 파급 효과도 상당하다. **정책을 모르고서는 대한민국의 뭉칫돈이 어디에서 어디로 이동하는지 이해할 수 없다.**

'정치의 존재 이유'는 잊지 말아야 할 상식이다. 정치인은 정치를 왜 할까? 바른 세상을 위해서, 상식과 공정을 위해서? 투자해서 돈을 벌 생각이라면 그딴 말은 한 귀로 듣고 한 귀로 흘려 넘겨야 한다. 없는 사람에게 정치란, 가진 자들의 잔치다. 정치가가 하는 일이란, 기득권을 보호해 주는 것이 대부분이다.

대한민국은 미국보다 아이폰 사용이 2년 늦었다. 정부에서 수입을 막았기 때문이다. 정부는 왜 그런 결정을 내렸을까? 우리나라에서는 '우버' 같은 개인 운송 서비스를 이용할 수 없다. 2019년 우버와 유사한 '타다'라는 브랜드가 검찰에 의해 기소되었다. 2023년 대법원에서 최종 무죄 판결을 받았지만, 여전히 정부는 택시 외 일반 차량의 운송 서비스를 제재하고 있다. 이토록 대한민국 정부는 기득권을 지켜주는 데 열심이다.

물론 기득권을 지켜주는 정부를 마냥 탓할 수만은 없다. 정부의 이런 결정은 유권자의 표 때문이니까. '서민 보호'라는 그럴 듯한 포장 뒤에도 '표심'이 자리 잡고 있다. 대부분의 정책은 표를 많이 받기 위한 선택이다. 부동산 정책도 다르지 않다.

과거 정부의 부동산 정책은 크게 '시장 자유화'와 '규제'로 나누어진다. 흔히 보수는 '자유화', 진보는 '규제'로 통한다. 실제로 이명박·박근혜 정부는 규제 완화를 통해 시장 자유화를 도왔고, 노무현·문재인 정부는 종합부동산세, 임대차 3법 등을 도입해 다양한 방식으로 시장을 규제했다. 그러나 이러한 정부 정책을 근거로 '이분법이 확실하다'고 속단해서는 안 된다. 김대중 정부는 분양 시 중도금 대출을 허용하는 자유화를 펼쳤다. 이로써 IMF로 무너진 집값이 빠르게 회복했다. 덕분에 높은 지지율을 얻었다.

투자자는 정치보다 정책에 집중해야 한다. 투자자에게 정치가 개인 영역이라면, 정책은 공공 영역이다. **개인은 세상을 바꿀 수 없지만, 정책은 시장도 세상도 바꿀 수 있다.** 파급 효과가 어마어마하다. 때문에 투자는 정책에 많은 영향을 받고, 투자자는 정책에 귀를 기울이게 된다.

최상은 정부 정책을 투자에 활용하는 것이다. 정책을 안다는 것이 막연하거나 어렵다고 생각된다면 당장 임대차법, 부동산 투기과열지구 선정의 영향 정도만이라도 시시콜콜 따져보라. 그것이 부동산 시장에 어떤 영향을 미쳤는지 단박에 알 수 있을 것이다. 정치보다 정책에, 현재보다 미래에 관심을 두자!

7

언제든 지키는 것이 버는 것보다 중요하다

매매도 중독이다. 게임이나 도박, 술, 담배가 주는 짜릿한 쾌감 때문에 다시 하고 싶은 충동이 일어난다. 그러나 중독에 의한 매매는 다른 중독만큼이나 안 좋은 결과를 가져온다.

부동산 매매는 거래비용이 매우 비싸다. 진입비용(취득세, 중개 수수료), 보유비용(보유세), 처분비용(중개 수수료, 양도 소득세)이 압도적으로 높다. 그래서 장기간 보유하는 것이 여러모로 이익이다. 그러나 거래 후 수익이 확실한 경우, 이를 현실화(매도)하고 싶은 욕구가 강하게 일어난다. 실제 수익을 확정한 경우에도 다른 거래로 수익을 재연하고 싶은 욕구가 풍선만큼 부풀어 오른다.

'부동산 한 번 사고팔았을 뿐인데 어느새 1년 치 연봉이 통장에 꽂혔네!'

이렇게 생각하는 순간, 다음 거래를 향한 긍정 회로가 돌아가기 시작한다.

대부분의 투자자들이 1주택자에서 3주택자가 될 때는 부담감이 상당하지만, 3주택자가 된 후에는 주택 수를 늘리는 데 거리낌이 없어진다. 이미 마음의 장벽이 사라진 후라 3채가 됐든 4채가 됐든 많으면 많을수록 좋다고 생각한다. 이쯤 되면 어딘가에서 돈만 끌어올 수 있다면 수십 채를 굴릴 수도 있겠다는 '만용'이 시작된다.

"5,000만 원 벌어서 세금으로 4,000만 원 내도 1,000만 원이 남는 거잖아? 1년간 저축해야 그 돈 아니냐고!"

이런 식으로 마음속 거래 장벽이 무너져버리면 투자의 목표가 희미해진다. 투자해서 수익을 올리는 것이 아니라, 매매를 통해 재미를 보는 것이 목표가 되어버린다. **그야말로 본말전도, 주인이 개를 끌고 가는 것이 아니라 개가 주인을 끌고 가는 상황이 돼버린다.**

'수익'보다 '재미'에 집중하다 보면 수익은 곤두박질친다. 매매 횟수가 많아질수록 거래비용도 늘어난다. 지금껏 '그깟 몇백?'이라고 말한 사람치고 수익을 온전히 지켜낸 투자자를 보지 못했다.

●

영원한 것은 어디에도 없다
시장이 유지될 거라는 착각이 가장 위험하다

찰리 채플린은 이렇게 말했다.

"인생은 멀리서 보면 희극이지만 가까이서 보면 비극이다."

나는 이렇게 말하고 싶다.

"부동산 가격은 멀리서 보면 완만한 상승이지만 가까이서 보면 상승과 정체, 그리고 하락장의 합이다."

통상적으로 대한민국 부동산 가격을 10년 단위로 끊어서 보면, 마이너스 구간이 하나도 없다고 한다. 어느 시기를 기준으로 하든 10년 뒤에는 가격이 올라있다는 말이다. 그러나 부동산에도 버블이 끼는 구간이 있다. 가격이 급등한 후에는 침체기가 오고 한동안 가격은 떨어진다. 버블기를 무사 통과하는 것이 투자자에게는 가장 큰 숙제라고 할 수 있다.

하지만 사고파는 데 재미가 생긴 투자자는 버블기에도 좀이 쑤셔서 견디지를 못한다. 팔면 사고 싶고, 사면 또 팔고 싶다. 밑바탕에는 시장이 그대로 유지돼 장기 호황의 시기가 올 거라는 막연한 기대 혹은 믿음이 깔려 있다. 그러나 투자자의 예상은 여지없이 빗나간다. **버블은 지나고 나야만 알 수 있다. 꺾이고 난 후, 돈을 잃고 난 후에 땅을 치고 후회해 봐야 소용없다.**

2021년 7월까지 0.5%였던 금리는 2023년 1월 3.5%까지 상승했다. 1년 반도 안 돼 금리가 7배 상승한 것이다. 미국의 경우 더 가관이었다. 2022년 2월 0.25%였던 금리는 2023년 7월 5.5%까지 상승했다. 1년 4개월 만에 무려 22배나 오른 것이다.

모든 자산 시장이 가시밭이 됐다. 부동산은 직격탄을 맞았다. 코로나로 시중에 돈이 풀린 데다 저금리로 버블이 형성되던 차에 금리 이슈가 생기자 부동산 가격은 단기간에 30~50% 빠졌다. 누구도 예상치 못한 상황이어서 충격은 더 컸다.

나는 부동산 투자자로서 그 시장의 한복판에 서 있었다. 시장의 칼바람을 온몸으로 맞았다. 물론 처음에는 상황을 받아들이지 못했다. 시장이 꺾였다고 보지 않았다. 단기간의 일시적인 조정일 거라고 봤다. 스스로가 그렇게 굳게 믿었기에 유튜브에서도 그대로 말했다. 그것도 아주 강한 어조로. 그러나 몇 달이 지나지 않아 내가 틀렸다는 것을 인정할 수밖에 없었다. 부동산 가격은 떨어졌고, 사려는 사람은 나타나지 않았다. 시장은 계속 곤두박질쳤고 여기저기서 곡소리가 났다. 나도 엄청난 손실을 보았다.

《찰리 멍거 바이블》(김재현 등 저)에는 '오판의 심리학'이라는 챕터가 있다. 허구와 착각, 실수와 오해, 갈등이 가득한 세상에서 투자자는 무엇을 주의해야 할까? 저자는 편향과 오류, 착각, 선입견, 편견, 나쁜 습관이 투자를 크게 망칠 수 있다고 경고했다.

현장에서 내가 가장 공감한 것은 '확증 편향'이다. '확증 편향'이란 자신의 주장에 부합하는 정보에만 주목하고 그외의 정보는 무시해 버리는 사고방식과 태도를 말한다. 나의 경우, 부동산 침체기에는 확증 편향이 그나마 덜 나타났다. 자본주의 시스템과 인플레이션의 원리를 잘 알고 있기 때문에 '곧 회복될 것'이라는 강한 믿음을 가지고 버틸 수 있었다. 문제는 부동산 상승기였다. 내가 예상했던 시장이 찾아와서 예상대로 가격이 올라갈 때는 이 시장이 영원할 것 같은 착각에 빠졌다. 그래서 금리 인상 같은 치명적인 '적신호'도 무시하고 말았다. 결국 생살을 도려내는 것 같은 고통을 맛보았다. '시장은 언제까지 유지되지 않는다'는 진리를 모르지 않았음에도 말이다.

부동산 투자는 불로소득이 아니다
잃어도 그만인 돈은 세상에 없다

좀 지난 이야기를 해보자. 2014~2022년에는 부동산 상승기가 이어졌다. 나는 이 시기에 많은 수익을 올렸다. 엄밀히는 2022년을 기준으로 5년간 최고의 수익을 보았다. 이 시기 유튜브에서 했던 부동산 전망의 적중률도 상당해 많은 시청자들이 생겼고 구독자가 10만 명을 넘어섰다. 언론에서도 수시로 연락이 왔다.

당시 많은 사람들이 얼음공장의 성공은 3년짜리라고 말했다. 그때그때 성공을 자랑하는 얼음공장의 모습을 몇 장의 스냅샷으로만 기억했다. 진실과는 거리가 먼 이야기였다. 어떤 사건이든 당사자만이 알고 있는 진실이 있다. 얼음공장의 성공은 몇 장의 스냅 샷으로는 도저히 담아낼 수 없는 스토리를 안고 있다. 동영상으로 담아야 그나마 설명이 가능할지도 모른다. 그것도 3년이 아니라 15년의 길고 지루한 시간을 연결해야 한다.

내가 부동산 투자에 올인하기 시작한 것은 직장생활을 그만둔 10년 전부터다. 월급쟁이로 살 때보다 더 열심히 살았다고 말하기 어려울지라도, 그때보다 편하게 산 적은 하루도 없다. 그렇게 인생의 10년을 부동산 투자에 바쳤다. 직장생활을 10년 동안 했다면 연봉도 최소 2배 이상은 올랐을 것이고, 최소한 부장 직함 정도는 달았을 것이다. 그럼 그만큼의 에너지를 다른 데 쓴다면 무슨 일이 벌어질까? 투자자로서의 성공은 당연한 일이다.

'부동산 투자는 불로소득'이라는 말은 부동산 투자를 한 번도 해보지 않은 사람들이 가지고 있는 착각이다. 시장에 머문 15

년 동안, 나는 산전수전 그리고 공중전까지도 겪어보았다. 고소득 월급쟁이나 전문직에 종사하며 '에셋파킹(자산과 주차를 합친 신조어)'용으로 부동산을 알아보는 이들과 같은 부류로 보지 마라. 나는 바닥에서부터 시작했고, 지금도 바닥을 기고 있다. 10년이나 됐지만 여전히 1년에 몇 번씩 전국을 돌며 시세를 체크하고 물건을 찾고 있다.

언젠가 비가 억수로 쏟아지던 6월 말, 부동산 중개소를 찾는 이 없는 불황기에, 수도권 변두리 부동산 중개소를 돌아다닌 적이 있었다. 남들이 찾지 않는 그때 부동산 중개소에 가면 좀 싼 매물을 발견할 수 있지 않을까 하는 생각에서였다. 비 맞은 생쥐 꼴로 돌아다니다가 몇 군데에서 문전박대를 당하고, 마지막에 막 문을 닫으려는 부동산 중개소에서 커피를 얻어 마셨다. 내가 안쓰러워 보였던지 소장님은 잠깐 기다려보라며, 상속 물건으로 처분이 시급한 물건을 찾아내어 자식 4명을 일일이 설득해 준 적이 있었다.

이렇게 재미도 없는 '고생담'을 풀어놓는 이유는 무엇일까? 나는 "부동산 투기로 한탕 쳐서 잘 먹고 잘 사는 투기꾼!"이라고 악담을 들을 이유가 없다는 것이다. **더불어 세상에는 '잃어도 괜찮은 돈' 따위는 없다는 것도 알려주고 싶다. 투자해서 번**

돈도 엄연히 노동의 대가고 피, 땀, 눈물의 결과다. 2022년을 기준으로 투자 수익을 거두기는 했으나, 그 또한 인생의 황금 같은 10년을 갈아넣은 노력의 결과물이다. 로또를 사본 적도 없지만, 내게 잃어도 아깝지 않은 돈을 꼽으라면 로또 맞은 돈 정도일 뿐이다.

●

버는 것보다 지키는 것이 중요하다
투자자의 마인드를 세팅하라

솔직히 병아리 투자자였을 때부터 "투자는 버는 것보다 지키는 것이 중요하다."는 말을 많이 들었다. 멍청한 나는 그 말을 잘 이해하지 못했다. 당장 눈앞에 보이는 기회를 놓칠 수 없었고, 몇 번의 거래를 더하면 따블, 따따블의 수익을 올릴 것 같은 욕심에 눈이 멀었다. 그러다 시장이 꺾였을 때 철저히 패배감을 맛보았다. 많이 잃고 나서야 지키는 것이 버는 것보다 중요하다는 것에 1,000% 공감하는 투자자가 됐다.

나는 2022년 이후 많은 손실을 보았다. 빠르게 쌓아올린 모래성이 빠르게 무너지는 것처럼 단기간에 얻은 수익의 대부분을 시장에 뱉어냈다. 이 과정에서 나는 버는 것과 지키는 것에는 완전히 다른 자질이 필요하다는 것을 깨달았다.

돈을 버는 데 필요한 자질은 세 가지이다. 리스크를 감수하는 용기, 미래를 긍정적으로 바라보는 낙천성, 생각한 것을 실천할 수 있는 적극적인 태도. 물론 쉬운 것은 아니지만 노력만 하면 누구나 얻을 수 있는 자질이다.

그러나 돈을 잃지 않는 데 필요한 자질은 앞선 세 가지와 거리가 멀다. 내 결정이 틀릴 수 있다는 겸손함, 내 결정이 틀릴 수 있을 때 쓰라린 손실이 따라올 것에 대한 두려움, 이 두 가지 자질은 엄밀히 능력이라기보다 심성에 가깝다. 타고나길 겸손하고 세상에 대한 두려움이 있어야 한다. **돈을 버는 데만 집중한 사람들은, 그간의 성공이 만들어낸 자만심과 오만함에 취하기 마련이다. 그 결과는 참혹하다.**

한 번이라도 부를 일군 경험이 있다면, 이제 잃지 않는 훈련을 해야 한다. 이는 시장에서 살아남는 방법과도 관련이 있다. 주식과 부동산을 막론하고 시장에 머문 투자자라면 앞날에 대한 통찰력과 자신의 심리를 조절할 수 있는 강인한 정신력을 갖추어야 한다. 자만심과 욕심을 통제해야 '잃을 수 있는 기회(혹은 유혹)'를 잘 흘려보낼 수 있다.

투자자는 지뢰밭을 건너는 용병이다. 아무리 조심해도 매복해 있는 모든 리스크를 예견하고 해결할 수는 없다. 게다가 실패의 고통을 하소연할 곳도 없다. 모든 것이 자신의 결정이고 책임이다.

한 가지 희망적인 것은, 크게 넘어져 자신을 추슬러본 투자자는 남다른 깊이의 통찰을 얻게 된다는 것이다. 시장에 오래 머문 투자자는 어떤 실패는 불가항력처럼 찾아온다는 것을 안다. 실제로 평생 1주택을 고집하는 실거주자나 한 번의 투자만 하고 시장을 떠나는 이들을 제외하면, 대부분 크고 작은 손실을 경험한다. 그렇기 때문에 더더욱 버는 것보다 지키는 것을 우선해야 한다.

미래를 낙관하고 성장을 기대하지만, 중간 중간 지뢰밭을 만날 수도 있다는 것을 이해하라. **수익을 얻는 것은 차선이요, 잃지 않는 것은 최선이다. 잃은 후에도 다시 수익을 올릴 수 있다는 것을 믿는 것은 '신선(神仙)'의 경지다.**

한 번뿐인 인생을
하찮게 대우하지 마라.
몰랐다면 무지를 탓하고,
아는데도 하지 않았다면
반성하라.

3장

'부'를 통한
자유는
어떻게
시작되는가?

1

Step 1

당신이
패배자라는 것을
인정하라

나는 서른셋에 내가 쓰레기라는 것을 인정하고부터 투자자로 살 것을 결심했다. 사람에게는 방어기제라는 것이 있다. 아픈 것은 하고 싶지 않고, 쓰린 것은 피하고 싶다. 육체적인 것만 아니라 정신적인 것도 마찬가지다.

나는 고등학교 때까지 게임 중독자로 살았다. 폭력적인 집으로 돌아가고 싶지 않아서 게임으로 도망쳤던 것이다. 게임에서 나는 불우한 가정의 아이도, 반에서 꼴찌를 면치 못하는 문제아도, 100킬로그램이 넘는 못난이도 아니었다. 집으로 돌아가고, 살을 빼고, 공부를 시작하게 된 계기는 '게임 세상은 진짜가 아니다'라는 각성을 한 뒤였다. 나의 유일한 안식처인 게임 세상이 거대 게임회사의 손바닥 위라는 걸 알았을 때, 나는 과감히 'EXIT' 버튼을 누를 수 있었다.

나는 직장을 뛰쳐나왔을 때 두 번째 각성을 했다. 그때의 나는 스스로가 서른세 살의 쓰레기라는 것을 인정하지 않을 수 없었다. 내게는 아무것도 없었다. 마음도 건강하지 않았다. 정신과 약을 먹다가 약조차 효과가 없다는 절망감에 모든 약을 쓰레기통에 처박아버렸다.

물론 내가 33년을 쓰레기로 살았다는 것은 아니다. 나는 10대의 불우했던 시간을 뒤로하고, 내가 꽤 괜찮은 사람이라고 생각했다. 열심히 살았고, 그에 맞는 보상을 얻었다. 꼴찌를 벗어나 대학에 갔고, 다시 좋은 대학에도 들어갔다. 모두가 알 만한 기업에 취직했고, 더 좋은 직장으로 이직도 했다. 그 사이 내 어깨에는 뽕이 한껏 들어갔다. 내가 가진 간판과 명함이 나라고 착각했다. 그래서 직장에서 성공할 수 있을 줄 알았다.

하지만 나는 패배자가 되었다. 간판도 없고 명함도 없는 노바디(Nobody), 그게 나였다. 갖가지 사건 사고 끝에, 솔직히는 쫓겨난 것보다 못한 신세로 직장을 나왔을 때, 누구도 내 곁에 남아있지 않았다. 오히려 너무 아플 때는 아무 생각이 없어서 괜찮았다. 그러나 몸과 마음이 괜찮아지자 다시 바닥을 찍었다. 세상에 나를 증명할 수 있는 방법이 아무것도 없었다. 내가 길거리의 노숙자로 나앉아도 누구 하나 신경 쓰지 않는 사람이 됐다는 게 억울하고 분했다.

나는 돈을 벌어야 했다. 다시는 회사로 돌아가지 않기로 했으니 돈이라도 벌어야 했다. **가장 속물이었던 나는 알고 있었다. 학벌, 회사, 직위로 나를 설명하지 않아도 되는 유일한 길은 부자가 되는 것이라는 걸.** 내가 쓰레기라는 것을 인정하니 돈이 더 간절해졌다. 나는 영원한 잉여인간이 되지 않기 위해 투자를 시작했다.

'너 정도면 괜찮다'는 거짓말
스스로를 속이지 마라

　대부분의 사람들은 인정 욕구를 가지고 있다. 객관적으로 자신이 못났더라도 소중한 사람으로 대접받길 바란다. 그래서 선의의 지적질보다 "너 정도면 괜찮아."라는 하얀 거짓말을 더 좋아한다. 스스로를 위로하는 책을 읽고 위로하는 글을 쓰며 스스로를 다독인다.
　세상에는 다양한 평가 기준이 있다. 괜찮은 사람은 스스로가 안다. 세상의 기준에 자신이 부합한다는 것을, 세상이 나를 괜찮다고 인정했다는 것을. 내가 20대에 100킬로그램이 넘는 몸무게를 70킬로그램대로 줄였을 때, 난생처음 여자친구가 생겼다. 살을 빼는 것이 얼마나 위대한 일인지 몸소 체험했다. 내가 편입해서 대학의 간판을 바꾸자 과외비가 5배로 뛰었다. 내 지식이 더 많아졌거나 가르치는 능력이 더 나아진 것도 아닌데, 나에 대한 세상의 대접이 달라졌다.
　세상의 기준에 괜찮은 사람이 되면 굳이 스스로를 괜찮은 사람이라고 강조하지 않아도 된다. 세상이 알아서 나를 괜찮은 사람으로 대접해 준다. 그 과정에서 이전에는 결코 누릴 수 없었던 많은 기회도 누릴 수 있게 된다.

역으로 생각해 보자. **만일 수시로 "너 정도면 괜찮다."는 말을 들었다면, 사실은 전혀 괜찮지 않을 확률이 매우 높다.** 어쩌면 자신도 알고 있을 것이다. 스스로를 객관화하고 싶지 않아서 '너 정도면 괜찮다'는 말에 꼴딱 넘어가고 싶을 수도 있다.

정말 자유를 얻고 싶다면 '너 정도면 괜찮다'는 말에 넘어가선 안 된다. 사실 남이 하는 위로 정도는 들어줘도 무방하다. 특히 가족들은 위로하고자 하는 마음에 선의의 말을 건넨다. 친구나 지인들은 어차피 아무 책임도 지지 않으므로 가벼운 위로를 던질 수 있다. 가장 나쁜 건 스스로에게 '나 정도면 괜찮다'는 거짓말을 하는 것이다.

'자기 객관화'가 잘 되지 않는 사람들은 자기연민과 자기위안에 능하다. 수시로 '나 정도면 괜찮다'는 말로 자신의 눈을 가리고 귀를 막는다. 최악의 행동은 일기 쓰기다. 나는 기록을 소중하게 생각하기에 투자 일지를 빼놓지 않고 썼다. 힘든 시기에도 일기를 쓰며 버텼다. 하지만 자기연민과 자기위안으로 채워진 일기는 도움이 되지 않는다는 걸 안다.

심리 전문가들은 자기감정을 드러내는 것으로 감정적 상처를 해소하고 치유할 수 있다고 말한다. 맞다, 그럴 수 있다. 그러나 그게 당신에게 정말 도움이 될까? 곰곰이 생각해 보라. 나의 경우 전혀 그렇지 않았다. 눈물 젖은 일기를 쓰면 감정이 해소된다고? 그때뿐이다. 인생이 바뀌지 않는 한 치유도 회복도 없다. 모두 헛소리다. 어느 순간 일기를 쓰던 나는 짜증이 나서 일기장을 박박 찢어버렸다. 바뀌는 것은 없고 글을 쓰느라 시간과 에너지만 낭비하고 있었던 것이다. 그 사실을 깨닫자 기분이나 풀자고, 푸념이나 하자고, 일기장을 붙들고 있는 내가 한심하게 느껴졌다. 끝도 없는 신세 한탄이 지긋지긋해졌다.

인생을 바꾸고 싶다면 먼저 거울을 보라. **쓰레기가 됐든, 잉여가 됐든, 루저가 됐든, 거기에 서있는 모습이 바로 나다. 그걸 먼저 받아들여야 한다.**

사실 나는 알고 있었다. 쓰레기가 된 삶을 직시했을 때 무엇을 해야 하는지, 무엇을 하지 말아야 하는지, 무엇을 바꿔야 하는지를. 그래서 오히려 더 숨고 싶었다. 의지박약인 나를 비난하는 수많은 화살들이 매일매일 나를 향해 날아오고 있다는 걸 알았다. 그래서 숨고 싶었다. 인정하면 너무 아파서 견딜 수 없을 것 같아서, 나는 괜찮은 사람이고 내게 일어난 모든 일은 내 탓이 아니라고 부정하고 싶었다.

그러나 내가 괜찮은 사람이고 내게 일어난 모든 일이 내 탓이 아니라면, 나는 왜 쓰레기가 됐을까? 나를 망가뜨린 이는 도대체 누구인가? 차라리 손바닥으로 하늘을 가리자. 더 이상 미치지 않기 위해서, 나는 쓰리고 아픈 현실을 받아들이기로 했다.

남들 때문이 아니다 다 네 탓이다
가난할 수밖에 없는 방식으로 살지 마라

나는 가난했기 때문에 가난하게 살 수밖에 없는 방식을 안다. 바로 '남 탓'을 하며 살면 된다.

《사장학개론》(김승호 저)에는 '다음 중 사장의 잘못이 아닌 것은?'이라는 질문이 나온다. 보기에는 불경기, 직원들 간의 불화, 경쟁업체 난립, 환율 상승, 이자율 상승, 전쟁, 횡령과 도난, 소송, 구인난, 임금 상승 등 무려 10개의 항목이 나오지만 정답은 '전쟁'뿐이다.

불경기를 예상 못하고 사업을 하는 것도 사장 탓, 직원들의 불화를 관리하지 못한 것도 사장 탓, 경쟁업체가 많은 시장에서 사업을 결정한 것도 사장 탓, 환율에 취약한 비즈니스를 하는 것도 사장 탓, 모든 것이 사장 탓이다. 오로지 전쟁만이 불가항력의 영역이다.

'네 탓'과 '내 탓'을 고상한 말로 바꾸면 무책임과 책임이다. 평생 가난하게 사는 사람들은 무책임하다. 다른 사람에게 책임을 떠넘기거나 다른 사람이 자신의 미래를 책임져 주길 바란다. 그만큼 자립심도 부족하다.

나라고 '운에 기대는 삶'을 살아보지 않은 것은 아니다. 게임 중독에 빠져 지낼 때 "랜덤으로 주는 아이템들이 모두 허접쓰레기 같냐?"라며 친구들에게 하소연을 했다. 직장을 구할 때는 하필 금융대란 이후라 예전이라면 충분히 들어갔을 직장도 못 가게 됐다고 억울해했다. 공동 투자했던 에어비앤비 아파트를 팔아야 했을 때도 "왜 하필 누나는 지금 돈이 필요해서……."라며 아쉬움을 감추지 못했다. 분양권 투자를 망치고는 "이건 사기다! 사기 분양이라고!"라며 분양 사무실을 욕했다.

지금은 안다. 모두 내 탓이었다. 운에 기대서 살아온 내게는 남을 탓할 자격이 없었다. 무책임한 투자자에게 실패는 당연한 결과였다.

책임지는 삶은 스스로를 통제할 줄 안다. TV를 보는 대신 학원을 가는 것, 주말마다 늦잠을 자는 대신 조깅을 하는 것, 명품을 사는 대신 청약 저축에 가입하는 것. 모두가 스스로를 통제하는 것이다. 그 통제가 쌓이고 쌓였을 때 진정한 자유를 얻을 수 있다. 가기 싫은 삼류 대학에 가지 않을 자유, 병든 몸을 치료하기 위해 병원에 다니지 않아도 되는 자유, 열악한 환경에서 좋은 환경으로 주거지를 옮길 자유가 만들어진다.

짧은 인생, 남 탓을 하느라 허비하지 마라! **평생 살아온 대로 살다가는 예정된 가난한 삶으로 인생이 끝날 수 있다. 인생에 변화가 없다면 그건 아무것도 하지 않은 당신 탓이다.**

2

Step 2

얼마나 벌고 싶은가?
확인하고 계획하라

나는 돈으로 자유를 사고 싶었다. 그래서 필요한 돈을 직접 계산해 보았다. 굳이 엑셀을 실행할 필요도 없었다. 종이 한 장과 계산기면 충분했다. 다시 회사로 돌아가지 않기로 했을 때, 내가 내린 결론은 '21억 원이 필요하다'는 것이었다. 그래서 내 목표는 '21억 원 벌기'가 되었다.

가장 두려웠던 것은 내일의 '결핍'이었다. 내 삶은 아주 단순해서 먹고사는 문제만 해결하면 될 것 같았다. 그래서 다른 이들처럼 회사를 그만두는 것이 두려웠다. 이 두려움을 해소해야 사표도 쓸 수 있다고 생각했다.

급여 300만 원 × 30년 = 10억 8,000만 원

연금 200만 원 × 30년 = 7억 2,000만 원

급여 인상, 정년 연장, 수명 연장 등 반영 3억 원

합 21억 원

'자유를 위해 얼마가 필요한가?'

당신이 이 질문에 답을 할 수 없다면, 바로 종이 한 장과 계산기를 준비하라. 되도록 간단하고 명확하게 필요한 것들을 써

라. 그리고 계산기를 두드려보라. 목표 금액은 월급을 기준으로 하라. 그게 가장 간단하다. 제대로 정신이 박힌 이라면 다다익선(多多益善)이라고 허무맹랑한 금액을 적지는 않을 것이다. 직접 항목을 쓰고 계산기를 두드리는 이 과정은 막연함을 없애는 가장 쉬운 방법이다.

막연함은 불안과 욕망을 키운다. 부자가 되고 싶은 사람은 부자가 되고 싶은 욕망과 부자가 되지 못하면 어쩌나 하는 불안을 모두 갖고 살아간다. 그런데 대다수의 '부자가 되고 싶은 사람'은 막연함을 없애는 노력을 하지 않는다. 이유를 들춰보면 몰라서보다 게을러서가 더 많다. 상식적으로, 목표를 세우지 않고 성과를 얻는 것은 불가능하다. 목표금액이 없다면 무엇을 기준으로 부자가 될 수 있나? 무엇을 기준으로 인생이 바뀌기를 기대할 수 있나?

한 번뿐인 인생을 하찮게 대우하지 마라. 몰랐다면 무지를 탓하고, 아는데도 하지 않았다면 반성하라! 인생 계획에 그 정도 진지함도 없다면 이 책은 냄비받침으로나 쓰는 게 낫다.

자유를 쟁취하기 위해 무엇을 할 것인가?
나만의 투자법을 고안하다

퇴사를 하기 전, 내게는 21억을 만들 방법이 두 가지 있었다. 회사를 다녀서 정년을 채우고 연금을 받는 것과 투자를 해서 수익을 올리는 것(사업은 앞서 이야기한 것처럼 내가 할 수 있는 영역이 아니었다). 투자를 선택했을 때, 내게 용기를 주었던 이야기를 소개해 볼까 한다.

아프리카의 한 마을에 물을 관리하는 청년 A와 B가 있었다. A는 매일 아침 물동이를 지고 강으로 갔다. 뙤약볕 아래서 물을 날랐다. 매일매일 규칙적으로 아주 성실하게. 그러다 혼자서는 힘에 부쳐서 친구들을 더 데려왔다. 같이 물을 나르니 물을 더 빨리 나를 수 있었다.

B는 물을 나르지 않았다. 물동이를 지고 가는 걸 거부했다. 파이프를 만들어 연결하는 일만 계속했다. 때문에 오랫동안 하루 할당의 물을 채우지 못했다. 주변에서 비난과 원성이 일었다. 그래도 B는 파이프를 연결하는 일을 멈추지 않았다. 한 달, 일년, 이 년, 그리고 삼 년이 흘렀다. 그는 모든 파이프라인을 연결

했다. 강가에서 마을까지 물이 흐르기 시작했다. 더 이상 마을의 청년들은 물을 기르기 위해 뙤약볕 아래를 걷지 않아도 되었다.

이 이야기를 듣고 투자는 내 삶에 파이프라인을 만드는 과정이라 생각했다. 당장은 돈이 안 들어오지만, 포기하지 않으면 물을 가져올 수 있다고 믿었다. 한꺼번에 많이, 죽을 때까지 마시고도 남을 만큼. 물론 100% '확신'을 갖는 것은 쉽지 않다. 끊임없이 흔들리는 나를 붙잡아야 했다.

다행인 점은 '믿고 나아가기' 외에 별다른 방법이 없었다는 것이다. 만일 돌아갈 곳이 있었다면 몇 번이고 회사로 돌아갔을지도 모르겠다. 그러나 나는 가지 않기로 했고, 오라는 곳도 없었다. 1% 확신이라도 파이프라인을 연결하는 데 모든 것을 걸어야만 했다.

당시는 전세가 끼어 있는 주택을 사서 시세가 오르면 파는 '갭투자'를 많이 했다. 주택 가격이 떨어져 있던 때라 수익을 올리기가 비교적 쉬웠다. 갭투자를 하려면 시세의 20~40% 정도 돈이 필요했지만, 내게는 돈이 없었다.

여러 궁리 끝에 '0원 투자'라는 걸 고안해 냈다. 주택 가격과 전세가 근처에 붙어 있는 주택을 사면 돈이 필요 없겠다는 생각이었다(부동산 수수료+ 세금, 인테리어 비용은 들어갈 수 있지만 그 정도는 비중이 크지 않으니 차치하기로 한다).

핵심은 되도록 저렴한 물건을 많이 확보하는 것이었다. 비싼 물건은 아무리 가격이 낮고 전세가가 높아도 투자금이 안 들어갈 수가 없다. 기본적으로 부동산 수수료, 세금, 인테리어 비용이 무시할 수 없을 정도로 높게 책정된다. 부대비용을 고려할 때 저렴한 주택일수록 유리했다.

"주택 가격이 낮으면 수익도 낮다는 것이 아닌가?"

맞다. 좋은 지적이다. 싼 물건은 수익률이 아무리 높아도 수익 자체는 크지 않다. 그래서 수를 늘려야 한다. 수익을 높이기 위해서는 많은 수를 세팅해야만 한다.

처음에는 저렴한 주택을 사서 전세가를 높이는 방법을 생각했다. 그래서 급매물을 찾아 다니다가 좀 더 가격이 낮은 경매를 떠올리게 되었다. 그렇게 나는 경매로 싸게 사서 대출이나 전세로 잔금을 치루는 것으로 '0원 투자'를 이어나갔다.

'부의 설계도'를 만들다
단순하고 실현 가능한 루틴을 짜다

단순하고 실현 가능한 계획을 짰다.

'매일 법원에 가고, 경매 물건을 뒤져서 아파트를 찾고, 한 달에 2~3개씩 낙찰을 받는다.'

당장은 물을 길어올 수 없지만, 언젠가 넘치도록 많은 물을 끌어올 파이프라인을 그렇게 매일매일 연결해 나갔다.

첫 달에는 입찰만 20번 가까이 했다. 다음 달에도, 그 다음 달에도 그렇게 했다. 물론 모든 입찰이 낙찰로 연결되는 것은 아니다. 하지만 입찰을 통해 많은 것을 배웠다. 인터넷 서핑으로도 해결할 수 없었던 궁금한 점들을 법원에 가고 임장을 다니면서 차근차근 알아갔다.

처음 몇 달 동안은 한 건의 낙찰도 받지 못했다. 당시 기록을 보면 5등 밖이 15번, 5등 안이 6번, 3등이 2번, 2등이 2번이었다. 총 45번 입찰한 결과였다. 리뷰를 해보자면 나는 '안목'이 전혀 없었다. 통계적으로 대여섯 번 입찰하면 한 번은 낙찰을 받아야 했다. 다행인 것은 '0원 투자'를 위한 매일의 루틴을 계속한 덕분에 경매 시장을 떠날 마음은 들지 않았다는 것이다.

내가 본 바로는 입찰을 안 하는 사람들은 경매 시장을 빨리 떠났다. 입찰을 한다는 것은 임장을 한다는 것이고, 임장을 한다는 것은 절실함이 있다는 것이다. 나는 단순하고 실현 가능한 계획을 세웠기에 가고자 하는 길로 계속 나아갈 수 있었다.

부동산의 가치는 '비교'를 통해 만들어진다. 임장을 많이 다니면 비교를 해가면서 가치 평가를 할 수 있는 눈이 생긴다. 대한민국 부동산 시세는 상당히 미세하고 객관적이다. 나는 임장을 나갈 때면 인근의 제일 비싼 아파트를 찾아가 가장 비싼 동과 층을 확인했다. 대장 아파트의 로열 동과 층을 확인하니 가격 형성의 기준을 명확히 알 수 있었다. 개개인의 호불호와 시세가 꼭 매칭되는 것은 아니라는 것도 확인했다.

'0원 투자 실천법'은 스스로 만든 '부의 설계도'이자 나를 21억 원이라는 목표액에 다다르게 해줄 비책이었다. 현장에서 땀 흘리며, 아는 것과 현실의 룰을 대조해 나갔다. 몇 권의 노트를 정리한 끝에 '21억 원을 벌 수도 있겠다'는 희망을 갖게 됐다. 길고 긴 터널 끝에 빛이 있다는 것을, 처음으로 확인한 순간이었다.

3

Step 3
피크점을 넘어서라

우상향 직선. 그 선이 당신의 능력치라고 가정하자. 각도는 다르지만 다들 우상향으로 인생을 설계한다. 시간의 흐름에 따라 삶은 나아진다. 조직에서는 연차가 쌓이고, 연차가 쌓이면 월급도 오른다. 자연스럽게 자산도 많아진다. 투자의 성과도 결과적으로는 우상향이다. 인플레이션의 영향으로 시간의 흐름에 따라 자산은 상승한다.

그러나 능력치의 변화는 직선이 아니라 철저히 계단식이다. 정체 시기와 성장 시기가 명확히 구분된다. 정체를 끝내지 못하면 성장은 오지 않는다. 하나의 투자가 완성돼 수익금이 쌓여야 다음 단계로 올라갈 수 있다.

부자가 되고 싶다면 반드시 뛰어오름의 시기, 다른 말로 '티핑 포인트'를 경험해야 한다. 티핑 포인트를 경험하지 못하면 영원히 정체의 구덩이에 갇히게 된다. 성장이 없으면 '정체 끝의 퇴보'밖에 남지 않는다. 대부분의 월급쟁이가 걷는 '제자리걸음'의 삶이다.

한 번은 투자 자문사의 대표를 만난 적이 있다. 그는 '왜 연금 투자 자문이 필요한가'에 대한 설명을 길게 했다. 미래가 불안정한 투자자에게는 솔깃한 이야기였다. 그의 말 중 가장 인상 깊었던 것은 "저도 제 연금계좌의 투자 상품을 바꾸는 데 1년이 걸렸어요."였다. 그의 말을 빌리자면 '내버려두면 아무도 신경 쓰지 않는 것'이 연금 계좌다. 연금 관리를 업으로 삼은 그조차 당장의 먹고사는 일이 급해서, 수십 년 후에 받게 될 연금 관리에는 신경을 쓰지 못한다는 것이다.

월급쟁이에게 연금만큼 중요하다고 생각은 하지만 귀찮은 일이 재테크이다. 사회 초년생부터 내일모레 은퇴를 준비하는 임원들까지 관심을 갖지 않는 이가 없다. 그러나 그들 중 투자에 나서서 지속적으로 관심을 쏟는 이는 5%도 되지 않는다. 주식이 활황이라고 하면 우르르 몰려갔다가, 시장이 죽으면 모두 사라진다. 부동산이 뜬다고 하면 또 우르르 몰려갔다가 시장이 꺾였다 하면 모두 사라진다. 불을 쫓는 부나방처럼 반짝할 때는 몰렸다가 불이 꺼지면 사라지는 월급쟁이들은 언제나 자신을 받아주는 회사로 돌아간다. 그래서 임계점을 넘는 것은 시도조차 하지 못한다. **결과물이 나오지 않은 도전은 그 자체로 실패다. 임계점을 넘어 성과를 내야 한다. 그러기 위해서는 계속 가야 한다.** 월급쟁이로 돌아가는 삶을 반복해서는 우상향으로 나아갈 수 없다.

지난 하락장 때의 일이다. 지인이 수도권에 장만했던 24평 아파트를 팔았다는 연락을 해왔다. 그는 그 아파트를 7억 원에

샀었다. 상승장에는 9억 원이 넘어갔으나 시장이 꺾이면서 6억 원대로 주저앉았다. 보유하며 견딜 것인가, 팔고 두 다리를 쭉 뻗고 살 것인가 수도 없이 고민하던 지인은 팔기로 결정했다. 파는 과정도 쉽지는 않았다. 매수자가 없었다. 단지 내 부동산뿐 아니라 행정 구역 내 다른 부동산을 찾아가 읍소했다. 수시로 전화를 걸어 "언제쯤 팔 수 있을까요?" 묻고 또 물었다. 오로지 '파는 것'에 매달렸다. 1달여를 기다리고 가격을 더 내려 6억원 초반에 겨우 매매가 이루어졌다.

"꼭 그래야만 했냐?" 물어보았다.

"사람들은 내가 금리가 올라서 겁이 나서 팔았다고 생각하는데 그렇지 않아요. 그때 3% 고정금리였어요. 월급으로 충분히 견딜 수 있었어요. 그런데 한번 생각이 꽂히니까 다른 생각이 안 들더라고요. 팔고 싶다, 팔고 좀 편히 살고 싶다. 올라갈 때 신나고 내려갈 때 쫄리는 롤러코스터를 타는 것 같은 상황도 힘들고……. 그래서 그냥 팔았어요. 후회는 없어요."

그렇게 그는 월급쟁이의 삶으로 돌아갔다.

알다시피 시장은 다시 회복 중이고, 그의 아파트는 7억을 넘어 8억대로 올라섰다. 그의 마음이 어떨지 나는 잘 모르겠다. 어쩌면 두 다리를 쭉 뻗고 잘 살지도 모르겠다. 하지만 확실한 건, 그는 투자의 세계로 다시는 돌아오지 못할 것이다.

　투자를 한다는 것은 피눈물 나는 손해까지도 감수하는 것이다. 손해가 날 때, 이 꼴 저 꼴 보기 싫다며 매물을 던져버릴 나약함이라면 애당초 시작도 하지 않는 것이 맞다. 성장 시기는 긴 정체기 뒤에 따라붙는다. **영원한 호황이 없듯 영원한 불황도 없다. 불시에 찾아오는 임계점을 맞이하라.** 그래야만 당신도 우상향 직선의 한 점을 차지할 수 있다.

정신 차리고 현실을 직시하라!
회사는 당신에게 안 중요한데 급한 일이다

　아이젠하워 매트릭스에서는 시간 분배를 중요도와 긴급도로 구분한다. 긴급도는 급한 것과 급하지 않은 것, 중요도는 중요한 것과 중요하지 않은 것으로 나누어진다.

　급하고 중요한 것은 바로 해야 한다. 급하지도 중요하지도 않은 일은 취소하면 그만이다. 급하지만 중요하지 않은 일은 다른 사람에게 위임이 가능하다. 급하지 않지만 중요한 일은 '결심'을 통해 해나가야 성공하는 인생을 살 수 있다.

월급쟁이에게 회사 일은 급하지만 중요하지 않은 일이다. 회사 일이 급하고 중요한 사람은 오직 사장뿐이다. 대체가 불가능하기 때문이다. 그러나 월급쟁이는 다르다. 당신이 아니라도 대체할 수 있는 사람이 널렸다.

당신은 24시간 중 몇 시간이나 자유롭게 쓸 수 있나?

수면을 최소 6시간 잡자. 아침저녁에 씻고 정리하는 시간은 2시간, 밥 먹는 데 2시간, 출퇴근을 하거나 업무를 보기 위해 이동하는 시간 2시간, 벌써 12시간이 날아갔다. 짬짬이 쉬는 시간도 무시할 수 없다. 인간은 기계가 아니니 2시간 정도는 쉬어야 한다. 그럼 남는 시간은 10시간이다. 월급쟁이의 최소 근로 시간은 8시간이다. 그러나 8시간만 일하는 사람은 없다. 야근도 많고 회식도 있다. 퇴근 전후에 업무를 봐야 하는 경우도 흔하다(내 경우 직장생활을 할 때 최대 24시간, 최소 10시간씩을 일에 바쳤다).

당신에게는 시간이 없다. 당신이 회사일 외의 어느 곳에서도 '피크점'을 넘어서지 못하는 이유, 언제나 다시 회사로 돌아가는 도돌이표 인생을 사는 이유가 바로 여기에 있다. 물리적으로 회사에 매인 사람이라면 심리적으로도 회사에 매일 확률이 높다. **역으로 회사가 아니라 자기 삶을 살고자 한다면, 반드시 회사**

에 매이는 시간을 줄여야만 한다.

내가 만난 대부분의 월급쟁이 부자들도 재테크를 시작하기에 앞서 '시간을 되찾는 일'부터 했다. 부동산 4~5곳에서 월세를 받는 K는 회사를 나온 지 5년 된 부동산 임대업자이다. 그의 부동산은 모두 월급쟁이 시절에 매수한 것들이다. 그게 어떻게 가능했는지 물어보았다.

K는 사표를 내기 몇 년 전까지도 회사에 영혼을 팔아넘긴 사람처럼 야근에 철야까지 했다고 한다. 그러다 존경하던 상사가 명예퇴직으로 회사를 떠나는 것을 보고 생각을 바꾸게 되었다. 경제적 자유를 얻어 퇴사를 하겠다고 결심한 그는 재테크 강의를 듣기 위해, 임장을 다니기 위해, 칼퇴근을 하기 시작했다. 이를 눈치챈 상사들은 회유와 압박을 가하기 시작했으나 그는 아랑곳하지 않았다. 강제 퇴사를 당할 사유를 만들지 않는 선에서 자신의 길을 갔다. 그는 냉랭한 공기를 뚫고 칼퇴근을 했고 돈을 벌러 다녔다. 마침내 사표를 낼 때는 "네가 이딴 식으로 회사를 나가서 다시 이 바닥으로 돌아올 수 있을 것 같아?"라는 막말을 들었지만, 이미 월세를 받는 부동산이 여러 채 생긴 후였다. 그는 웃으며 회사를 나왔고 다시 월급쟁이 생활로 돌아가지 않았다.

월급쟁이 부자가 되고 싶다면, 팁을 하나 주겠다. 당신의 24시간을 정리해 보라. 회사에 몇 시간을 쓰고 있는지 점검해 보라. 투자를 위해 얼마의 시간을 할애하는지, 정말 할애하고 있는지 확인해 보라. 물리적으로 쓰는 에너지를 조절하고 싶다면 시간을 조절해야 한다. 회사에 쏟는 시간 중 최소 1시간이라도 투자로 옮겨보라. 0도의 물이 임계점을 넘겨 끓으려면 100도의 에너지가 필요하다. 매일 1도씩 올린다는 생각으로 투자에 시간을 쏟아야 한다. 피크점을 넘고자 한다면, 절대로 회사에 올인하지 마라.

●

절약이 부자를 만들지는 않는다
그러나 모든 부자는 절약한다

짠돌이 연예인들 중에 강남에 건물을 가진 이들이 많다. 수십억 원을 호가하는 건물주가 휴지 한 칸에 벌벌 떠는 것을 보면서 사람들은 혀를 끌끌 찬다. '돈은 벌어서 뭐하누…….' 속으로는 건물 한 채 없는 자신이 그들보다 잘 살고 있다며 스스로를 위안하기 바쁘다.

방송이 시청자에게 파는 것은 그 위안이다. 시청자는 자기만족을 느끼며 TV 앞을 떠나지 못한다. '그래도 나는 괜찮게 살고 있는 거야. 그럼, 강남 건물주보다 낫잖아!' **아무 쓸모도 없는 위안을 사기 위해 귀한 시간을 TV에 바치고 있으니 가난을 벗어나지 못하는 것이다.**

당신이 짠돌이로 산다고 강남 건물주가 될 수 있을까? 솔직히 말해서 절대 불가능하다. 연예인들이 강남 건물주가 될 수 있었던 이유는 남들보다 돈을 월등히 많이 벌어서이고, 그렇게 번 돈을 허투루 쓰지 않아서다. 또 강남에 있는 건물을 사는 투자까지 잘했으니 금상첨화가 따로 없다.

비단 연예인들만의 이야기가 아니다. 대한민국을 일으킨 경영자들을 보라. 그들이 부자가 된 것은 회사를 일으켜서, 수출을 많이 해서, 돈을 많이 벌어서다. 직원들의 월급을 깎고 납품업자의 단가를 후려쳐서 폭리를 취한 것만으로는 부자가 될 수 없다. 짠돌이 정신의 실천인 절약이 성공에 미치는 영향은 크지 않다.

그럼에도 불구하고 동서고금 모든 부자들이 절약하라고 강조하는 이유는, 절약이 부자가 될 수 있는 첫 번째 능력이기 때문이다. 특히나 '영 앤 리치'를 강조하며 마이너스 통장도 모자라 영혼까지 끌어서 소비를 해대는 요즘 세상에서 절약하는 삶을 실천하고 있다면, 그는 부자 DNA를 장착한 사람이 틀림없다.

세계 갑부로 통하는 일론 머스크는 공공연하게 자신이 '하루 1달러로 살기' 프로젝트를 한 달간 해본 적이 있다고 자랑했다. 그는 덕분에 사업을 시작할 수 있었다. 하루를 1달러로 사는 것이 그렇게 힘든 일이 아니라는 결론을 얻고 '망해도 죽지 않는다'는 확신을 가질 수 있었던 것이다. 한 달에 30달러만 있으면 살 수 있는 사람이 됐으니 그의 자신감도 틀린 것은 아니다.

투자자에게도 이런 자신감이 필요하다. 소비를 억제할 수 있는 것은 대단한 능력이다. 적게 벌어도 살 수 있는 능력이 있다면, 투자를 통해 얻든 잃든 심리적 영향을 덜 받게 된다. 그 사람에게는 평정심이 생기게 된다. 평정심이 있는 사람은 감정에 휘둘리는 사람보다 투자자로서 매우 큰 강점을 가진 셈이다. **길고 지루한 하락장이 계속될 때도, 절약을 해본 투자자, 잃어도 사는 데 지장이 없는 투자자, 평정심을 잃지 않는 투자자는 견딜 수 있다.**

직장생활 때의 일이다. 주식으로 망한 이의 뻔한 스토리를 들어본 적이 있다. 강남에서 40평대 아파트에 살던 상사였다.

당연히 좋은 차를 타고 애들도 과외로 키웠다. 그런데 주식으로 망하고 삶이 바뀌었다. 그는 강남 생활을 정리하고 과천의 20평대 주공 아파트로 이사를 간다고 했다. 나는 과천의 20평대 주공 아파트가 꿈의 집은 아니어도 '살고 싶은' 혹은 '살 만한' 집인데 왜 저렇게 호들갑인가 싶었다. 하지만 그에게는 나락으로 여겨졌을 것이다.

소비에 중독된 사람들은 견디지 못한다. 참는 것이 불가능하다. 절약은 싫은 것을 넘어 두려운 것이다. 가진 게 없다면 몸으로 때워야 한다.

두말할 필요 없다. 최대한 아껴라. 휴지 한 칸, 종량제 쓰레기봉투 한 장, 커피 한 잔, 모두 한번 아껴봐라. 거기서 희열을 느껴봐라. 통장 잔고가 줄지 않는 상황을 이어가 봐라. 돈이 주는 안도감을 느껴봐라. 그것이 당신을 부자로 만들어주지는 못할지라도, 최소한 가난뱅이로 죽는 일은 막아줄 것이다.

회사의 성공 방식을 투자에도 대입하라
직장생활을 하듯 투자생활을 하라

회사는 무엇으로 운영될까? 바로 시스템과 프로세스다. 직원들이 회사에서 성과를 내는 이유도 이것이다. 아무리 일하기가 싫어도 시스템 안에 들어가면 프로세스를 따라갈 수밖에 없다. 월급쟁이는 9시까지 출근하여 조직 문화라는 시스템이자 프로세스에 의해 움직인다. 회사는 이를 통해 월급쟁이들을 관리하고 통제한다.

투자자에게도 시스템과 프로세스가 필요하다. 외부에서 볼 때는 백수지만, 어쨌든 투자자의 길을 걷기로 했다면 더더욱 시스템과 프로세스를 갖추어야 한다. 아무도 몰라도 어떻게 일이 돌아가는지 알 수 있는 점검 툴이 필요하다.

공식적으로 백수가 되면 처음에는 뭘 해야 할지 모른다. 어떤 날은 어영부영하다가 저녁을 맞이하고, 어떤 날은 길어진 해 때문에 지루함과 답답함도 느낀다. 고무줄처럼 길어졌다가 쪼그라드는 날들을 반복하다 보면 어느새 한 주가 가고 한 달이 간다. 세월만 간다는 말이 딱 맞다.

투자자가 되면 먼저 허송하는 것을 최소화해야 한다. 월급쟁이가 회사에 매이듯 투자에 매이는 시스템과 프로세스를 만들어야 한다. 이는 꼭 전업 투자자에게만 해당되는 원칙이 아니다. 월급쟁이로서 투자를 한다면, 물리적 시간을 정하고 투자에 도움이 되는 일을 해야 한다. **개인적인 재테크가 아닌 회사에서 하는 프로젝트처럼 진행해야 한다.** 회사에는 목적 없는 회의도 없고 이유 없는 영수증도 없다. 모든 시간은 목표를 위해 사용되어야 하고, 지출은 예산 안에서 항목에 맞게 지출되어야 한다. 투자 시간과 경비도 합당하게 지출되어야 한다.

2016년 6월이었다. 기나긴 패찰 끝에 바라던 낙찰에 성공했다. 서울시 강북구에 있는 대단지의 20평대 아파트였다. 그 물건에는 총 92명의 입찰자가 몰렸다(문서를 열람 해보니 실제 입찰자는 100명이 넘었다. 참고로 낙찰자는 해당 문서를 열람할 수 있다). 법원은 작고 입찰자는 많아서 경매계는 아수라장이나 다름없었다. 낙찰서를 받고 돌아서는 순간, 마치 홍해가 갈라지는 듯했다. 그 많은 사람들이 내게 길을 열어주고 있었다. 어디선가 '고가 낙찰'이라는 수군거림이 들려왔다. 낙찰가율은 감정가 대비 111.57%로 낮지 않았다. 그러나 나는 만족했고 낙찰로 수익을 남겼다. 철저히 시스템과 프로세스를 통해 임장하고 입찰했기 때문이다. 당시 내가 받은 낙찰 물건은 '왜 그는 감정가보다 비싸게 집을 샀을까'라는 기사로까지 소개됐다(이데일리, 2016.06.07.).

내가 높은 입찰가를 써낸 이유는 다음과 같다.

먼저, 당시 시장이 가파른 상승기에 접어들고 있었기 때문이다. 감정가는 2억 4,100만 원이었으나 2억 6,900만 원에 낙찰 받은 상황이었다. 당시 전세가는 2억 4,000만~2억 5,000만 원 수준이었고, 매매가와 전세가 모두 상승세를 보이고 있었다(당시엔 이런 현장 디테일을 모르고 입찰에 나선 사람들이 많았다). 집을 수리해 바로 매도해도 최소 낙찰가보다 2,000만 원 이상은 더 받을 수 있다는 계산이 나왔다.

이렇게 여러 가지를 점검한 결과, 바라던 '0원 투자'는 어렵지만 실투자금 2,000만 원으로 1~2년 후 높은 수익률을 얻을 수 있다는 판단이 섰다. 그래서 입찰가를 높게 잡았고 예상대로 낙찰에 성공했다.

낙찰을 받고 A4 4장 수준의 보고서를 썼다. 고가지만 적절한 낙찰가로 보는 이유, 예상한 수익률, 다음의 투자 전략 등을 세세하게 적었다. 이 내용은 나의 첫 책《가난한 청년의 부자공부》에도 활용했다.

'보고서'는 회사 업무의 꽃이자 유종의 미를 장식하는 하이라이트다. 나는 회사에서 배웠던 지식을 투자에도 총동원했다. 프로젝트가 끝나면 레퍼런스로 쓰던 보고서를 투자 시스템과 프로세스에 녹여 넣었다. 보고서는 이후에도 큰 도움이 되었다.

투자는 여러 번 오래 하는 것이다. 한탕하고 말 거라면 이런 과정이 필요치 않을 것이다. 그러나 투자로 성공하고 싶다면 시스템과 프로세스를 적용하라. **투자에 매인다는 것은 스스로 시스템과 프로세스를 만드는 것이다.** 아무도 알아주지 않아도 스스로 만들어가는 것이다.

●

빚은 나쁜 것이 아니다
노예의 경제학에서 벗어나라

돈은 돌과 같다. 움직일 수도 없고 감정도 없다. 돌을 깨끗한 돌과 더러운 돌을 나누는 것이 무의미한 것처럼, 돈을 깨끗한 돈과 더러운 돈으로 나누는 것도 부질없다. 문제는 사람이다. 사람은 움직이고 감정에 휘둘린다. 이러한 인간적인 면들은 가난한 이들에게 큰 약점이 된다. 움직여야 할 때 움직이지 않고 움직이지 말아야 할 때 움직여서 손해를 자초한다.

당신은 '빚'에 대해 어떻게 생각하나? 빚은 나쁜 걸까? 왜 빌린 돈이 '나쁜 돈'이라는 오명을 뒤집어 써야 할까? 진지하게 생각해 보자. 나는 빚이라는 말에 가슴이 철렁 내려앉고 마음이 무거워진다는 이들에게 '노예의 경제학'에서 과감히 벗어나라는 쓴소리를 한다. 노예의 경제학에 매여서는 영원히 부자가 될 수 없다.

나는 철학자 니체를 좋아한다. 그는 '도덕'을 주인의 도덕과 노예의 도덕으로 구분했다. 주인의 도덕은 '좋음'과 '나쁨'을 기준으로 의사 결정을 내린다. 예를 들어, 주인은 어떤 선택이 스스로 가치를 창조하는 일이라면 '좋은 것'이라 판단하고, 그렇지 않다면 '나쁜 것'이라 여긴다. 만일 당신이 주인에게 "아파트를 사려면 3억 원을 대출해야 합니다. 괜찮습니까?"라고 묻는다면 주인은 "아파트가 내게 가치가 있어? 그럼 대출을 받아야지."라고 아무렇지 않게 답할 것이다.

노예의 도덕은 '선'이냐 '악'이냐를 기준으로 한다. 내게 좋은 가치가 만들어지느냐 아니냐와는 무관하다. 신이 정해놓은 혹은 세상이 정해놓은 기준에 따라 선과 악이라는 폐쇄적 잣대를 들이댄다. 만일 당신이 노예에게 "아파트를 사려면 3억 원을 대출해야 합니다. 괜찮습니까?"라고 묻는다면 그는 "신께서 빚은 나쁜 것이라 했습니다. 사악한 것이라 했습니다. 저는 빚이 무섭습니다. 저는 빚을 지느니 아파트를 사지 않겠습니다."라고 답할 것이다. 어떤가? 당신은 주인의 도덕을 따르고 있는가, 노예의 도덕을 따르고 있는가?

누구나 맨몸으로 세상에 태어난다. 어린 시절에는 모든 것이 부모에 의해 결정된다. 의식주를 비롯한 생활 전반을 부모에게 의탁한다. 그러나 성인이 되어 독립하게 되면 자신만의 것이 필요해진다. 의식주를 스스로 해결해야 한다. '자는 곳'은 어떻게 마련해야 할까? 집을 스스로 지을 수 없다면 임대를 하는 것이 순리다. 때문에 대출을 이용해 주거 공간을 마련하는 것은 자연스러운 순리로 봐야 한다. 그것에 도덕적 잣대를 들이댈 필요는 전혀 없다.

20여 년 전의 일이다. 내가 사회생활을 막 시작했을 때부터 '레버리지'란 말이 유행했었다. 사람들은 대출, 빚이란 말 대신 레버리지란 말을 쓰기 시작했다. 레버리지란 무엇인가? 지렛대다. 적은 힘으로 큰 것을 옮길 때 쓴다. 대출과 빚은 가진 것이 적은 내가 큰 것을 이동시킬 때 사용하는 지렛대다. 내게 이익이 된다면 레버리지를 이용하면 되며, 별 이익이 없다면 안 쓰면 된다.

나는 15년 동안 부동산 시장을 돌아다녔지만 지금껏 대출을 받아 실거주할 집을 마련했다가 길거리에 나앉게 된 사람을 거의 본 적이 없다. 떨어지는 집값에 기가 눌려 손해를 보고 집을 판 사람은 봤지만, 그 역시 길거리에 나앉지는 않았다. 물론 그가 감당하지 못한 것은 이자가 아닌 '불안감'이었다.

주인으로 사는 당신에게 빚은 아무 짓도 하지 않는다. 레버리지가 당신을 임계점 너머로 끌어올려 준다면 적극 활용하라! 최소한 노예의 경제학에 매여 찾아온 기회를 발로 차버리지는 말아야 하지 않겠나.

부자가 어떻게 사는지 관심 갖지 마라
어떻게 부자가 됐는지만 알면 된다

나는 옛날부터 자동차를 좋아했다. 유명 스포츠카를 몰고 다니는 것은 내 오랜 로망이었다. 지난 상승장에 수익금이 많이 쌓였을 때 지름신이 찾아왔고, 원하던 차를 구입해서 원 없이 달렸다. 그러나 1년이 지난 후 몇 대를 처분해 버렸다. 내가 차를 처분한 데는 몇 가지 이유가 있다. 유지비는 문제가 아니었다. 그것들을 몰고 다닐 시간이 없다는 것이 가장 큰 이유였다. 물론 나는 서울, 수도권, 지방을 가리지 않고 임장을 다니니 차가 꼭 필요하다. 그러나 내가 좋아하는 스포츠카는 임장을 다니는 데는 적합하지 않았다. 좋아하는 차를 몰고 나가자면 일부러 시간을 내야 했는데, 너무 바쁘니 시간을 내는 것도 쉽지 않았다. 그래서 모두 팔아버렸다.

어느 날 내 유튜브 채널에 '절약을 강조하더니 스포츠카를 타고 다니냐?'라는 항의성 댓글이 달렸다. 낯선 항의글에 도저히 공감이 안 돼 해명 방송이 아닌 불만 방송을 내보냈다.

"왜 부자들이 돈을 쓰는 걸 가지고 뭐라고 하는가?"

왜 항의를 하느냐고 따지는 게 아니다. 부자들이 돈을 쓰는 걸 왜 나쁘게 보는지 묻고 싶었다. 같은 맥락에서 사람들은 "절약해야 부자가 된다면서 너는 왜 절약하지 않느냐?"고 따져 묻는다. **나는 묻고 싶다. "당신은 왜 부자가 되고 싶은가? 죽을 때까지 절약하기 위해서?" 나는 그렇지 않았다. 원하는 만큼 쓰고 싶어서 부자가 됐고, 그렇게 살고 있다.** 그게 도대체 뭐가 문제인가?

'부자가 되려면 부자에게 점심을 사라'는 말이 있다. 나는 정말로 부자들을 많이 만나고 다녔다. 내가 본 부자들은 대부분 수수한 차림새에 국산차를 몰고 다녔지만, 어떤 부자는 명품 옷에 비싼 수입차를 타고 다니기도 했다. 그들의 외모와 차림새에 대해 나는 어떤 평가도 내리고 싶지 않다. 나와 아무 상관이 없기 때문이다.

나는 부자들을 만나면 궁금했던 점을 물어보았다.

"어떻게 해서 부자가 되셨어요?"

그들의 답을 통해 경매라는 세계를 알게 됐고, 부동산 사이클을 공부하게 됐으며, 부자가 되는 것이 그렇게 불가능한 일은 아니라는 꿈도 꾸게 됐다. 부자와의 만남은 동기부여는 물론 실질적인 답을 찾을 수 있다는 데서 큰 의미가 있다.

그런데 요즘 나를 찾는 사람들 중에는 '이상한(?)' 사람들이 많다. 그들은 '어떻게 부자가 됐느냐?'보다 '어떻게 사느냐?'에 더 관심을 갖는다. 일례로 '잠은 몇 시간을 자냐?', '술과 담배는 하냐 안 하냐?', '어떤 차를 타고 다니냐?', '청약 통장은 갖고 있냐?' 같은 질문들을 한다. 도대체 내가 어떻게 사는지가 왜 궁금한지 모르겠다.

이미 나는 목표 금액을 달성한 사람이다. 그래서 자고 싶을 때 자고, 사고 싶은 것을 사고, 가끔은 사치도 부린다. 하고 싶은 투자가 있으면 비록 그것이 그렇게 안정적이거나 매력적이지 않더라도 그냥 해보기도 한다. 가진 것을 누릴 권리는 누구에게나 있다.

부자가 되고 싶다면, 부자가 '어떻게 사느냐'보다 '어떻게 부자가 됐느냐'에 집중해야 한다. 현재 그들이 하는 시시콜콜한 이야기들은 가십거리일 뿐이다. 연예인이 어떤 명품을 두르고 대기업 총수가 어디에 사는지 안다고 연예인이 되거나 기업 총수가 되는 게 아니다. 어떤 노력을 해서 그 자리에 올랐고, 어떤 선택을 해서 부를 이뤘는지가 진짜 핵심이다.

같은 맥락에서 '필사'는 내게 아무런 도움도 되지 않은 루틴이었다. 하소연용 일기 쓰기와 비슷했다. 뭔가 하고 싶은 마음이 들어도 그때뿐이었다. 결국 나는 한 달을 채우지 못하고 시간과 에너지를 낭비하는 행동을 때려치웠다. 계속 쓴다고 내 삶이 달라질 것 같지 않았다.

당신은 어떻게 살아왔고 어떻게 살고 있나? 살아온 삶의 결과가 현재의 삶이다. 같은 결과를 얻기 위해선 같은 과정을 거쳐야 한다. 임계점을 넘어설 해답은 부자들이 살아온 삶에 있지 살아가고 있는 현재에 있지 않다. 부자들이 어떻게 사는지 탐구하지 마라. 그것은 당신의 비즈니스가 아니다(Not your business)!

매일 완주할 트랙을 마련하라, 훈련이 루틴이 되게 하라

2021년 도쿄 올림픽에서 우상혁 선수의 '높이뛰기'를 본 적이 있나? 나는 감히 그의 경기를 '무대'라 표현하고 싶다. 시종일관 밝은 웃음으로 도움닫기를 하던 우상혁 선수는 새처럼 가볍고 날렵한 동작으로 바를 넘어갔다.

2013년 세계청소년선수권대회에서 우승한 그가 말한 목표는 '올림픽 금메달'이었다. 그러나 그는 세계적인 선수들보다 키가 작았고 어릴 적 교통사고로 양발 크기도 달랐다. 신체 조건의 열세는 공중에 몸을 날리는 높이뛰기 선수에게 치명적 약점이었다. 그는 한 발로 선 채 발가락으로 장기 알을 옮기는 훈련을 반복했다. "쉬워 보이는데 어렵다."고 말한 루틴 덕분에 그는 대한민국 높이뛰기 역사를 새로 쓸 수 있었다.

자산의 역사를 새로 쓰기 위해 투자자에게도 루틴이 필요하다. 매일 완주할 트랙도 필요하다.

투자를 할 때 나를 가장 괴롭혔던 것은 지나간 것에 대한 후회와 타인에 대한 질투였다. 그 후회와 질투가 만든 조바심을 견디기 힘들었다. 막 투자 공부를 시작했을 때가 가장 심했다. 조바심을 잠재우기 위해 나는 매일 임장을 다니고, 법원에 가고, 부동산 중개소를 찾아다녔다. 그곳이 나의 트랙이라면, 같은 동선을 반복해 도는 것은 나의 루틴이었다. 나는 트랙을 도는 루틴을 반복하며 주체적인 삶을 살고 있다고 느꼈다. 돈을 벌어야 했지만, 욕심 같아서는 아주 많이 벌고 싶었지만, 꼭 남들보다 많이 벌 필요는 없다고 스스로를 다독였다.

투자를 하면 실패한 이들보다 성공한 이들이 더 잘 보인다. 혹자는 '열병을 앓았다'고도 한다. '나만 이루지 못했다'는 후회와 '어디 끝까지 잘 되는지 보자'는 질투심이 마음에 불을 붙인다. 조바심에 근육이 긴장돼 통증을 느끼는 경우까지 있었다.

이럴 때일수록 트랙과 루틴이 중요하다. 우상혁 선수가 균형 감각을 키우기 위해 맨발로 장기 알을 옮겼던 것을 기억하라. 그리고 그가 이룬 성과를 상기하라. 몸을 움직이면 마음이 맑아진다. 잡생각이 없어진다. 투자는, 일단 후회와 질투를 내려놓는, 자신과의 싸움에서 승리한 후에 시작해야 된다.

●

실패는 성공을 위한
의무이자 권리이자 자유이다

'실패'라는 단어를 쓰는 마음이 아직도 쓰리다. 나는 수많은 실패를 했다. 너무도 잘 알려진 사실이라 감출 것도 없다. 수많은 실패를 했지만 단 하루도 도망가거나 회피하겠다는 생각을 해본 적은 없다. 나는 실패를 인정했고 다시 시작했다. 그래서 실패라는 단어를 쓸 때도 부끄럽지는 않다.

처참하게 실패하기 전까지, 나는 실패하지 않고 성공한 사람을 보지 못했다. 그래서 실패는 성공의 전야제 같은 건 줄 알았다. 담담하게 실패를 맞고 싶었다. 그러나 현실에서 나는 그러지 못했다. 실패해도 괜찮은 건 당사자가 남일 때 이야기였다. 내 실패는 처절하고 아프고 목을 조여 오는 것이었다. 실패에 대한 두려움을 떨쳐내지 못했고, 상상했던 것보다 더 참담했다.

젊은 시절, 여러 번 실연한 선배가 말했다. "이 정도면 안 아파야 되는 거 아니냐? 왜 매번 실연을 하면 이렇게 아프냐?"

투자자의 실패도 마찬가지다. 매번 새롭고 매번 아프다. 그래서 확 때려치우고 싶다. 시장을 떠나고 싶다. 나도 두 다리 쭉 뻗고 잠을 자고 싶다. 그러나 더 큰 욕심이, 더 큰 열망이, 나를 잡아 세웠다. 꺾인 무릎을 다시 일으켰다.

나는 모두가 나와 같은 처절한 실패를 맛보길 바라지 않는다. 다만 임계점을 넘어서는 에너지가 축적되는 정도로는 실패를 이용할 수 있기를 바란다. **실패한 스스로를 용서하고 재기를 시도할 기회를 주는 것, 그 과정에서 많은 투자자들이 자신의 임계점을 넘어섰다.**

몇 년 전부터 전세 사기로 온 나라가 떠들썩하다. 악의적이고 고의적인 나쁜 놈들이야 사기꾼 소리를 듣는 것이 당연하다. 법의 엄중한 심판을 받아야 하고 합당한 처벌을 받아야 한다. 그러나 전세금을 제때 돌려주지 못했다고 해서 모두가 사기꾼은 아니다.

지난 하락장에 나를 포함한 다수의 투자자들이 사기꾼 소리를 들었다. 전세 만기가 도래하기도 전에 '내용증명'부터 보내는 임차인도 있었다. 투자자에게는 양심도 없고 상처 받는 마음도 없다고 누가 알려주기라도 했나? 무례한 이들에게 화가 났다.

투자자는 집중 투자를 통해 완전한 수익을 만들어서 경제적 지위를 올리고 싶은 사람들이다. 경제적 지위를 끌어올릴 정도의 수익을 얻으려면 집중 투자 구간을 거쳐야 한다. 그때가 주요한 티핑 포인트가 된다. 그러나 시장은 늘 개인보다 위대하다. 준비된 사람에게는 열매를, 준비가 안 된 사람에게는 시련을 준다. 이것도 100%는 아니다. 진실은 시장 마음대로다. 코인 시장을 보자. 누가 준비를 열심히 해서 열매를 거두었나? 준비가 안 된 이들은 모두 벼락거지가 됐나? 그도 아니다. 모든 불합리하고 이해 불가의 상황이 '시장은 개인보다 위대하다'는 말로 정리될 뿐이다.

최선의 준비를 하되 실패는 불가항력이라고 생각하라. 그리고 자신에게 '재도전'이라는 권리이자 의무가 있다는 것을 기억하라. "누구나 실패한다."는 단순한 위로의 말이 아니다. 너무 자책하지 마라. 임계점을 넘기 위해 오늘은 실패를 받아들이는 정도까지만 나아가라.

시장은 늘 변한다. 어떤 변화든 사람들은 적응하게 되어있다. 부동산의 경우 세금과 금리는 시장에 큰 충격을 주지만 시간이 지나면 이마저도 적응이 된다. 투자자는 최선의 상황을 세팅해 나갈 뿐이다. 그렇게 다음 기회를 기다리는 것이다.

누리고 싶은 삶이 무엇인지,
은퇴할 건지 투자를 계속할 것인지,
아니면 사업을 시작할 것인지
고민하라.

계획된 미래가 없는 사람은
꿈이 없는 사람이다.
꿈이 없는 사람은 아무리
부자라고 해도
행복할 수 없다.

4장

투자를 시작하기 전에 알아야 할 모든 것

1

당신은 지금까지
레버리지를 당하고만
살았다

수백 년간 기업은 월급쟁이를 부리는 방법을 연구했고, 크게 세 가지의 확실한 도구를 만들어냈다. 첫째 보상(조건부 보상금), 둘째 헌신(연대)의 호소, 셋째 강압(해를 가하겠다는 위협)이다.

"제대로 일하면 충실한 급여가 제공될 거야."라든가, "일을 잘하면 스스로 명예로운 직원이 된다."는 좋은 말 뒤에는 "일을 잘하지 못하면 해고될 수도 있어!"라는 협박이 따라 붙는다. 이 모든 걸 기업에서는 '동기부여'라고 부른다.

물론 모든 월급쟁이가 동기부여에 감화·감동해서 회사에 목을 매고 사는 것은 아니다. 회사생활을 하며 성취감에 전율을 느끼고 보상을 받는 것이 즐겁다면, 월급쟁이로 사는 것도 행복이다. 굳이 이 책을 읽으며 시간을 낭비할 필요가 없다.

그러나 만일 월급쟁이로 사는 것이 자존감을 갉아먹고, 비루한 삶의 연속이라고 느껴진다면 월급쟁이로 사는 것을 멈춰야 한다. 월급쟁이로 최선을 다한 당신에게 남을 것은 후회와 원망뿐일 테니 말이다.

회사는 월급쟁이에게 세 가지를 주고, 세 가지를 앗아간다.

우선 회사에서 월급쟁이에게 주는 것 세 가지는 월급, 네트워크, 그리고 경력이다. 매달 월급이 들어오고, 회사에서 만난 사람들은 인적 네트워크가 된다. 직장 3년 차, 직무 3년 차 등 경력도 생긴다.

그러나 회사생활을 열심히 하다 보면 잃는 것도 있다. 자유, 건강, 그리고 주체성이다. 월급쟁이는 자유로울까? 결코 그렇지 않다. 공무원은 공노비, 회사원은 사노비라는 말이 있다. 하루에 최소 8시간을 직장에 매여 일해야 하니 어쩔 수 없다. 건강은 월급쟁이를 위협하는 최대 난제다. 지옥 같은 출퇴근, 야근과 회식, 과도한 스트레스까지! 요즘은 우울증과 공황장애를 앓는 직장인들이 상당히 많아졌다고 한다. 마지막으로 주체성이다. **주체적인 월급쟁이를 본 적이 있나? 극히 드물다. 상사의 눈치를 보고 회사의 결정에 따르다 보면 '나'는 없다.** 최 사원, 김 대리, 이 과장만 있을 뿐이다. 그래서 대부분의 퇴직자들이 잃어버린 자신을 찾는 방황기를 경험하는 것이다.

그러나 월급쟁이는 세 가지를 잃어도 괜찮다고 생각한다. '정년 퇴직'이라는 소박한 꿈이 이뤄지기만 한다면 뭐든 참을 수 있다. 그러나 안타깝게도 대한민국에서 정년퇴직을 맞는 비율은 고작 10%도 채 안 된다. 통계청에서 발표한 퇴사 사유를 보면, 직장 휴폐업과 사업 중단이 29.1%로 가장 많았고, 건강 악화 19.1%, 가족 돌봄 15.8%, 권고사직·명예퇴직·정리해고 11.7% 순으로 나타났다. 10명 중 1명만이 소박한 꿈을 이룰 수 있다.

그렇다면 월급쟁이들이 회사를 떠날 때, 그들에게 남은 세 가지는 어떤 의미일까? 따지고 보면 별로 도움이 되지 않는다. 나의 경우 월급은 퇴사 전에 투자금이며 병원비로 다 써버렸다. 알량한 네트워크는 지금까지 연락하고 지내는 사람이 단 한 명도 없는 것으로 보아 내 삶과 아무 상관이 없다는 것을 알 수 있다. 경력은 애매한 수준이다. 그보다는 회사생활을 하며 운전에 능숙해진 것, 엑셀을 잘 다루게 된 것, 부동산 중개소를 다니는 법을 배운 것이 더 요긴했다.

신기한 것은, 내가 강의장에서 만난 많은 퇴사자들도 나와 비슷한 이야기를 한다는 것이다. 목돈을 모으고, 직장생활을 다시 시작할 수 있을 정도의 네트워크를 확보하고, 남들 앞에 자랑스럽게 자신을 소개할 수 있는 경력을 가지고 회사를 그만둔 사람은 거의 없었다.

무엇이 문제였던 것일까? 악의(惡意)는 없었을지도 모른다. 거지같은 회사의 짐승 같은 사장일지라도 회사가 고의를 가지고 월급쟁이를 이용한 것은 아니라고 말한다. 그러나 회사는 회사원을 책임지지 않는다. 시스템과 프로세스가 그렇게 되어있다. **회사가 월급쟁이에게 월급을 주는 것은 그들이 월급쟁이의 시간을 샀기 때문이다.** 회사는 산 시간만큼 월급쟁이를 사용한다. 그리고 수익이 나지 않으면 사용을 멈추고, 쓸모가 없어진 회사원을 그대로 회사 밖으로 내쫓는다.

최선을 다했지만 빈손으로 회사를 떠나면서 "아무것도 남지 않게 될 것을 그때는 몰랐다."고 후회해도 소용없다. 그렇게 끝날 것을 미리 알지 못한 것은 당신 탓이다. 알았다면 이제부터라도 빈손으로 세상에 던져질 날을 준비해야 한다. 하루라도 빨리.

회사는 당신을 전문가로 키우지 않는다
당신이 잘되기를 바라지 않는다

"어떻게 당신은 월급쟁이들이 빈손으로 세상에 던져질 것이라고 확신하는가?"

나는 회사가 월급쟁이를 부리는 방법을 안다. 때문에 회사가 월급쟁이가 독립할 수 있을 정도의 월급과 네트워크와 경력을 갖추게 내버려두지 않는다는 것도 안다. **노골적으로 말해서 회사는 월급쟁이가 많은 돈을 벌고, 좋은 네트워크를 확보하고, 빛나는 경력을 쌓는 것을 싫어한다.** 내막을 들여다보면 회사로서도 타당한 이유가 없는 것은 아니다.

2022년, 대형 은행의 한 직원이 700억 원을 횡령했다. 또 다른 은행에서는 2,988억 원을 횡령한 사실이 적발됐다. 금융당국은 이후 '순환근무 대상자 보직 이동'이라는 혁신 과제를 발표했다. 쉽게 말해, 한 자리에 오래 있지 못하게 보직 이동을 해서 순환 근무를 생활화하라는 주문이었다. "대규모 횡령 사고를 일으킨 것은 직원들의 전문성이 높아졌기 때문이니, 전문성이 높아지지 않게 한 자리에 오랫동안 머물지 못하게 하라!"고 말한 것과 진배없다.

2023년, 금융감독원은 순환근무 대상자가 부서 이동을 제대로 하지 않는다는 질타성 보고서도 냈다. '장기근무자 비율을 5% 이내로 축소하라.'고 압력을 행사한 것이다.

회사에서 직원의 전문성은 자산이 아니다. 리스크다. 전문성을 가진 직원이 '딴 맘'이라도 먹는다면 어떻게 될까? 횡령, 배임, 지적재산권 유출 등 모든 범죄가 가능해진다. 직원을 단속하지 못한 회사 책임도 있지만, 경찰 100명이 도둑 1명을 못 잡는 것이 현실이다. 마음먹고 사기를 치는 직원을 막아낼 회사는 많지 않다. 따라서 애초에 싹을 자르는 것이 편하다. 대체할 수 있는 수준의 능력만 갖춘 직원을 두루두루 양성해 두는 것이다.

전문성을 가진 직원이 퇴사하면 누가 손해일까? 개인의 전문성은 노력의 결과만이 아니다. 그의 전문성을 높이기까지 회사의 자산이 들어갔다. 비싼 연수나 교육뿐만이 아니다. 직원의 현장 경험도 값비싼 교육이다. 실패도 직원에게는 자산이 된다. 그런데 모든 것을 축적해 능력을 갖춘 직원이 퇴사한다면 어떻게 될까? 그가 경쟁사라도 간다면 회사로서는 '죽 쒀서 개 주는 꼴'이 된다.

때문에 회사는 10개의 주요 프로젝트가 있다면 이를 5명의 직원에게 나누어 시킨다. 한 직원이 퇴사해도 2개 프로젝트에 대한 정보만 유출될 것이다. 직원 입장에서는 주요 프로젝트 전체를 알 수 없고 전문성을 키울 기회도 사라진다.

우리나라 대기업에는 오너 CEO는 있어도 스타 CEO가 없다. 그 이유가, 재벌가 CEO들이 샘이 많아서, 월급쟁이 CEO가 언론에 나오는 꼴을 보는 것이 고까워서라고 분석하는데, 틀린 이야기다. 오너 CEO 입장에서 보라. 스타 CEO는 언제 등을 돌릴지 모르는 미래의 경쟁자일 뿐이다. 그들에게 경영을 위임하는 순간 사업을 통째로 내주어야 한다. 그런데 만일 스타 CEO가 국내외 경쟁사에 스카우트라도 된다면 그때부터 재앙이 시작되는 것이다. 때문에 오너 CEO는 굳이 스타 CEO를 키울 이유가 없다. 가두리를 잘 쳐서 키운 후에 쓰고 내보내면 그만이다.

이런 이유로 대한민국에는 전문가가 없다. 국가기관, 정부, 기업, 어디든 그렇다. 기술 전문가는 국내외 유수의 대학에서 데려온다. 관리 전문가는 오너 일가에서 직접 파견한다. 재정, 회계 전문가는 변호사나 회계사를 기용한다. 월급쟁이 사장은 '고문', '상담직'이라는 꼬리표를 달고 퇴임 후 2~3년간 아무것도 하지 않으면서 기존 연봉의 절반이나 받아간다. 겉으로는 '퇴직자에 대한 예우' 어쩌고 하지만 꼭 그것만은 아니다. 그들이 갖고 있는 지식이 낡을 때까지 그들이 타사로 스카우트되는 것을 막기 위해 돈을 써가면서 감시하는 것이다.

내가 열거한 내용들은 월급쟁이들이 당하는 레버리지의 한 면일 뿐이다. **기억하라. 회사는 결코 월급쟁이가 잘되기를 바라지 않는다.** 그러니 월급쟁이는 정신을 차려야 한다. 평생 레버리지만 당한 후 "노예처럼 살았다."고 하소연해도 소용없다.

당하는 삶과 하는 삶
레버리지 하지 않으면 레버리지 당하고 만다

월가의 영웅으로 불리는 피터 린치는 "집 없는 사람은 주식 투자를 하지 마라."고 했다. 왜 그랬을까? 집이 경제적 안정성은 물론 심리적 안정성까지 보장해 주기 때문이다.

내가 어릴 적에 부모님은 돈이 없어서 집을 사지 못했다. 그래서 늘 셋집에서 살았다. 처음에는 월세, 다음에는 전세. 나는 늘 주눅이 들어 있었다. 어떤 날은 임대인이 찾아와 "집이 팔려서 그만 나가주어야겠다."고 말했다. 볕도 잘 들지 않고 가끔은 비도 새는 그 집의 임대인은 참 당당했다. 어린 나는 우리 집이 도대체 얼마에 팔렸는지 궁금했다. 또 우리 집은 왜 돈이 없는지도 궁금했다. 하지만 어린 나이였음에도, 부모님의 대화를 통해 알게 된 사실들은 나를 몹시 화나게 했다.

어른의 언어로 정리한 상황은 이렇다. 우리 집은 집값의 60%를 부담하고 있었다. 집주인이 매매가 1억 원짜리 그 집을 샀다면, 6,000만 원은 우리 전세금으로 충당했다는 것이다. 그런데 집주인은 그 집을 1억 4,000만 원에 팔았다. 4,000만 원이라는 돈이 생겼음에도 우리 가족은 단 한 푼도 받지 못하고, 살던 집에서 쫓겨나기까지 했다. 반면 집주인은 자신이 넣은 돈의 100%를 수익으로 가져갔다. 나로서는 이해가 가지 않고 화가 나는 대목이었다.

지금 생각하면 우리 가족은 늘 레버리지를 당하는 쪽이었다. 집주인은 우리 가족의 전세금을 지렛대 삼아 높은 수익을 거두었다. 부모님을 고용한 사업주들은 부모님의 노동을 레버리지 삼아 사업을 키웠다.

투자를 시작하며 나는 레버리지를 당하는 쪽과 레버리지를 하는 쪽의 차이가 무엇인지 확인했다. 우리 가족은 빚을 내는 것에 대한 두려움과 공포, 집은 여유 있는 사람들이 사는 거라는 오해, 만약에 집을 산다면 이것보다는 더 좋은 집을 사고 싶다는 막연한 환상도 갖고 있었다. 반면 집주인은 집을 사면 언젠가 오른다는 확신, 살지도 않는 집에 4,000만 원을 투자할 수 있는 용기, 제때 사고파는 실행력을 갖고 있었다. 우리 가족은 하나도 갖지 못한 것들이었다.

롭 무어는 《레버리지》에서 '레버리지는 당신의 시간이 크고 지속적인 부를 창조하는 데 사용하고, 당신이 할 수 없거나 하기 싫지만 성취하기 위해 해야만 하는 시간 낭비를 근절하는 시스템이다'라고 정의했다.

레버리지를 잘 활용해야 하는 대표적인 종목이 사업과 투자이다.

회사는 자본과 토지, 노동을 레버리지해서 수익을 만든다. 일개 직원은 몇 천만 원에서 많아야 수십억 원의 돈을 벌지만, 법인은 조 단위 수익을 올린다. 이 차이를 만드는 것이 레버리지다.

투자는 임대차 혹은 대출이라는 레버리지로 수익을 만든다. 4,000만 원으로 1억 원의 집을 살 수 있는 방법은 임대차로 전세금을 차용해 쓰거나 대출을 일으켜 6,000만 원을 메우는 것뿐이다. 상승분에 대한 이익은 오롯이 투자자가 가져간다. 임차인은 집이라는 거주공간을 사용할 권리를 그것도 제한된 기간 동안 가질 뿐이고, 은행도 약정 이자 이상으로 더 많은 돈을 요구할 수 없다. 임대인만이 독점 수익을 가져간다.

극단적으로 부자는 레버리지를 당하지 않는다. 가난한 사람들은 더 열심히, 더 오래 일하며, 레버리지를 당하는 삶을 살아간다. 그리고 세상에는 부자는 2, 가난한 사람들은 8을 차지하는 파레토의 법칙이 존재하고, 그에 따라 노력의 20%가 80%의 결과물을 만들어낸다.

80%의 결과물을 만드는 20%로 살아갈 것인가, 20%를 만드는 80%로 살아갈 것인가? 레버리지를 당하는 8로 살아갈 것인가, 레버리지를 하는 2로 살아갈 것인가? 해보지도 않은 일을 후회할 걱정부터 하는 루저로 살다가는 8의 삶을 벗어날 수 없을 것이다.

2

투자는 무조건 홀로 하는 싸움이다

'인간은 사회적 동물이다.'

이는 우리가 학습한 인간의 본성이고 실제로 경험한 결과물이다. 인간은 무리를 쫓고 싶어 하고, 외롭고 고독한 싸움을 혼자 감당하기 싫어한다. 투자를 하는 데도 이런 본성 때문에 늘 사달이 난다.

일반적으로 인간의 학습은 '스승'을 통해서 진행된다. 학교에는 선배가 있고, 직장에는 사수가 있다. 요즘은 도제 시스템으로 기술을 전수하진 않지만, 그와 비슷한 문화가 뿌리 깊이 박혀 있다. 관계 속에서 새로운 지식과 기술이 세대를 넘어 전수된다.

이런 관습 때문에 투자를 시작하는 이들은 가장 먼저 사람을 찾는다. "멘토가 돼줄 분은 없을까요?" 그렇게 사람을 찾아서 배우고 싶어 하고 닮고 싶어 한다. 덕분에 인터넷 카페마다 투자 모임이 수두룩하다. 어딜 가든 "선생님, 선생님." 소리가 들린다. 고작 몇 달 혹은 몇 년을 먼저 시작한 사람들을 인생의 스승처럼 대하면서 좋은 투자 물건이 없는지 묻는다.

결론부터 말하자면, 투자는 그렇게 시작해선 안 된다. 배우는 것까지야 어찌어찌 가능하지만 실전 투자는 혼자 하는 것이다. 공동 투자도 권하지 않는다. 공동 투자는 공동 창업과 같이 끝이 좋지 않다. 일이 잘 돼도 못 돼도 결과는 같다.

만일 공동 투자를 했는데 적자가 났다면, 어떻게 될까? 책임 소재를 가린다고 상대 탓을 하기 바쁘다. 꼭 함께 투자해야 한다고 강제한 것도 아닌데, "나는 애초에 하고 싶지 않았다."며 억울해 한다. **사람 심리가 그렇다. 안 좋은 상황일수록 책임을 피하고 싶어 한다. 사람 잃고 돈 잃는 대표적인 경우다.**

"투자를 해서 잘되면 누이 좋고 매부 좋은 거지, 왜 사달이 나요?"

대부분 기대하는 대로 흘러가지 않기 때문이다. 사람에게는 욕심이란 것이 있다. '혼자 했으면 내가 다 얻는 건데······.' 한도 끝도 없는 욕심 때문에 갈등이 생긴다. 내가 안 그렇다고 해도 상대가 고집을 부리고 높은 수익률을 요구한다. 이익 실현 과정에서 마음이 맞지 않는 경우도 흔하다. 조금만 더 오르면 팔자, 지금 팔자, 다음에 팔자, 이달에 팔자 등 의견이 분분해진다. 돈 앞에서는 정(情)도 의리도 소용없다.

투자의 최악, 몰려다니는 '리딩방'도 피해야 한다. 개인적으로는 하락장 때 가장 많이 상담한 주제다.

명예퇴직자 한 분이 찾아왔다. "시간이 많은 게 문제."라며 이야기를 시작했다. 그의 낙은 유튜브 시청이었다. 어느 날부터 부동산 상승기에 공동 투자에 참여해서 큰돈을 벌었다는 소식이 보이기 시작했다. 계속해서 부동산 업체의 유명 강사가 쇼츠로 소개됐다. 어느 날부터 대문짝만 한 연락처가 선명하게 눈에 들어왔다.

퇴직자는 강사의 얼굴도 봤겠다, 연락처도 확실하겠다, 강사가 소속된 업체에서 진행하는 행사에 참여해 보기로 했다. 그때 공동 투자라는 말을 처음 들었다. "모르면 다 가르쳐 드립니다!" 강사의 말에도 믿음이 갔다. 투자를 결심하기까지 며칠도 걸리지 않았다.

'인생 후반기는 여유롭게 살고 싶다. 명예퇴직금은 이럴 데 쓰라고 있는 거야.'

단 며칠 만에 퇴직자는 공동 투자 계약서를 쓰고 퇴직금을 송금했다. 그런데 하필 그때 시장이 꺾이기 시작했다. 투자 이익은커녕 원금도 돌려받지 못하게 됐다. 그는 나를 찾아와 이 투자를 어떻게 정리할 수 있을지, 소송을 한다면 승산을 있을지 묻고 또 물었다.

투자 리딩방은 지난 상승기에 정말 많이 생겼다. 주식, 코인, 부동산 가리지 않았다. 처음에는 성공적인 부동산 투자 사례를 보여주다가 다음에는 "당신에게 마지막 기회가 남아있다."고 꼬

드겼다. 실제로 강남에서는 부동산 학원을 차리고 공동 투자자를 모집하기도 했다.

부동산 투자는 잘못되면 타격이 크다. 주식과 코인은 '집 한 채 값'이 아니다. 공동 투자든 리딩방 투자든 부동산 투자든 시드머니가 최소 몇 천만 원은 들어간다. 들어갈 때는 밑천이 크니 수익도 클 것이라 기대하지만, 잘못되면 그 큰돈이 손실이 난다.

리딩방을 주도하는 부동산 업체는 대부분 아파트와 같이 거래가 쉬운 물건이 아닌 거래가 뜸한 토지를 매입한다. 하락기에 토지의 수요는 바닥을 긴다. 공사비도 폭등해 제값을 받고 매도하기가 훨씬 어려워진다.

"90% 손실인데, 저만 손실인 거 아니죠? 회사도 90% 손실 맞나요?"

한 부동산 공동 투자업체의 게시판에는 손실 문의 댓글이 지속적으로 올라왔다. 투자금이 바닥을 보여 물건이 경매로 넘어갔다고 한다. 원금 회수의 길은 끊어지고 만다.

스승, 멘토, 선수를 따라다녀서 이익을 보겠다는 거지 근성은 애당초 싹을 잘라내야 한다. 세상에 공짜는 없다. 쉬운 것은 문제가 있는 것이다. 직접적으로 투자 물건을 소개해 주겠다는 것은 치명적인 위험 신호다. 직접 해볼 용기가 없어서, 마냥 두려워서, 스스로 사기꾼들의 먹잇감이 되는 짓은 말아야 한다.

아웃사이더, 투명인간도 괜찮다
혼자 하는 투자의 힘을 믿어라

《혼자 있는 시간의 힘》(사이토 다카시 저)은 내가 정말 좋아하는 책이다. 제목이 마음에 들어서 샀고 여러 번 읽었다.

나는 첫 부동산을 공동 투자로 샀다. 돈이 없었고 두려워서, 함께하는 사람이 있으면 1/N만큼 부담이 줄어든다고 생각했다. 물론 착각이었다. 공동 투자라고 부담이 줄진 않았다. 의사결정을 하는 데 합이 맞지 않아서 불편한 게 더 많았다. 잘돼도 결과는 늘 좋지 않았다. 사이토 다카시의 책을 읽으면서 '그래서 그랬구나' 많이 반성했다.

사람들은 혼자 있는 것을 두려워한다. 곁에 아는 사람이 없으면 불안해 한다. 친구가 없는 사람은 성격이 이상한 사람으로 취급받는다. 그게 두려워 사귀지 않아도 될 사람을 사귀고, 필요도 없는 인간관계를 유지한다. 사람에게 지나치게 몰두하는 이들에게 《혼자 있는 시간의 힘》은 '그러지 않아도 괜찮다'고 조언하며 휴대폰에 저장된 연락처나 SNS에 연결된 친구 숫자에 연연하지 말라고 가르쳐준다. 중요한 건 나다. 누군가와 함께하는 것을 즐기는 것은 개인의 문제다. **타인의 시선과 굳어진 사회통념 때문에 에너지를 낭비할 필요는 없다.**

한창 살을 뺄 때 수영장에 다녔었다. 가본 사람은 알 것이다. 같은 물에 들어가는 그 사람들끼리도 무리를 만든다. 아무와도 말을 섞지 못하는 나는 무리에서 엄청 어색한 사람이 되었다. 그게 싫어서 인사를 하고 말을 걸고 연락처를 교환할 수도 있었겠지만, 나는 그렇게 하지 않았다. 나처럼 사회관계를 좋아하지 않는 사람에게 고역인 그 상황을 그대로 뚫고 가기로 했다.

수영장에 다니는 나의 루틴은 '샤워를 하고, 수업을 받고, 개인 연습을 하고, 샤워를 하고' 집으로 돌아오는 것이었다. 처음에는 어색했지만 익숙해지니 괜찮았다. 어느 순간부터 같은 레인의 사람들도 나를 신경 쓰지 않았다. 나는 아웃사이더였고 투명인간이었지만 불편한 관계를 계속 끌고 가는 것보다는 나았다. 수영은 재미없고 지루했지만 루틴 덕분에 그 시간을 견딜 수 있었다.

'무리를 쫓는' 인간의 본성은 투자에 있어서는 치명적인 약점이다. **혼자서 하라. 혼자 하는 투자의 힘을 믿어라. 혼자 하는 게 어렵다면 루틴을 만들어라.** 루틴에 몸을 맡겨 힘든 순간을 돌파하라. 투자는 언제까지나 셀프서비스다.

당신이 부자이길 바라는 유일한 사람은 당신뿐이다

살면서 누군가에게 뜨거운 응원을 받아본 적이 있나? 나에게는 없었다. 내가 잘되기를 손꼽아 기다려준 사람이 어머니 외에는 없었다. 내가 특이한 경우일 수도 있다. 그러나 밑천을 드러내보라. 정말 주변에 내가 성공하길 바라는 사람이 그렇게 많을까? 부모님 외에 누가 있나?

형제, 일가친척, 동료, 친구. 모두가 나의 든든한 지지자라고 생각하는 것은 큰 착각이다. 자신을 돌아보라. 당신이 사랑해 마지않는 그들이 큰 성공을 이뤘다면 당신은 100% 순순한 마음으로 축하해 줄 수 있을까, 아니면 배가 아파서 잠을 이루지 못

할까? 열에 아홉은 후자의 모습을 보여준다. 나도 그랬다. 부모님을 제외하고, 당신이 부자가 되길 바라는 사람은 당신뿐이라는 것을 알아야 한다. 잘못된 투자 권유, 사기로부터 자신을 지킬 수 있는 가장 확실한 방법이다.

정말 좋은 투자 기회가 있다고 가정해 보자. 당신이 개발공사에 다니는데, 지하철 노선 확정만 되면 현재 1억인 땅이 10억으로 뛸 것이다. 지하철 노선이 확정되어 당장 일주일 뒤에 발표된다는 소식을 알게 되었다. 당신은 그 정보를 누구와 나누고 싶나?

당신에게 찾아와 "제가 이번에 투자를 좀 했는데, 글쎄 하락장이 와서 다 날렸지 뭐예요. 꼭 만회하고 싶은데, 어디 좋은 데 없을까요?"라고 말하는 내담자와 나눌까? 나라면 아무와도 나누지 않을 것이다. 내가 끌어 모을 수 있는 최대한의 돈을 모아 혼자서 그 땅을 살 것이다. 이게 인간의 본성이다. 이 상황을 뒤집어, 당신에게 "좋은 기회가 있으니 투자해 보라."고 권하는 경우는 반드시 직접 확인해 봐야 한다. 나라면 주지 않을 정보를 굳이 내게 주는 데는 다른 꿍꿍이가 있을 가능성이 매우 높다.

나는 부동산 투자를 권유받았다는 상담자들에게도 이 이야기를 들려줬다.

"제가 정말 좋은 기회를 잡았어요. 제가 그걸 누구와 나눌까요? 아니요. 저는 나누지 않을 거예요. 제가 다 할 거예요. 그러니, 그런 기회가 생길 거라고 상상도 하지 마세요."

꿈을 깨야 한다. 아무리 선량한 사람도, 천사의 날개를 가진 사람도, 누군가의 호의로 투자에 성공할 수 없다. 투자를 하는 사람들은 특별히 이기적이진 않더라도 잇속에 밝고 계산이 빠르다. 돈을 벌어서 기부금을 내거나 봉사를 하고 말지, 투자 기회를 나누지는 않는다. 누군가 그런 기회를 내게 소개하고 있다고 느낀다면 사기일 가능성이 99.99%이다.

더불어 투자판에서는 쓸데없이 친절한 사람을 조심해야 한다. 투자 상담을 받으러 갔다가 전에 없이 불친절한 은행 직원을 만난 적이 있었다. 도대체 왜 돈을 빌려가고 이자를 꼬박꼬박 내겠다는 예비 고객을 이리 홀대할까. 궁금해서 은행에 다니는 지인에게 물어보았다.

"그 은행은 여신 업무에 대한 인센티브가 없어요. 고객이 3억을 빌리든 30억을 빌리든 자기 급여에는 아무 영향이 없어요. 그런데 대출 업무가 워낙 까다롭고 해야 할 일이 많잖아요. 그러니 고객에게 친절할 이유가 없죠."

친절을 기본으로 한다는 은행 창구 직원도 자신에게 이익이 되지 않으면 친절을 나눠주지 않는다. 일만 많고 돈도 안 되는 사람에게 웃음을 나눠줄 사람은 없다. 누군가 유독 친절한데 그 이유를 모르겠다면 역시나 그 저의를 의심해 봐야 한다.

부동산 투자는 무조건 홀로 하는 싸움이다. 기댈 사람도 탓할 사람도 없다. 물론 머리로는 알아도 혼자 한다는 게 쉬운 일은 아니다. 하지만 그 덕분에 돈이 된다. **부동산 중개소를 홀로 다니고, 경매 법원에도 혼자 가고, 부동산 계약을 혼자 할 수 있는 간 큰 사람은 많지 않다. 그래서 수익이 생기는 것이다.**

힘들더라도 스스로와 상의하고 스스로와 의논해서 홀로 판단해야 한다. 남을 탓하고 남에게 의지하는 수동적인 방식에서 벗어나라. 제대로 된 길을 선택해야 시행착오 끝에 반드시 목적지에 다다르게 된다. 투자자는 외롭고 고독한 것이 지극히 정상이다.

3

소액 투자자의
열심은
자랑이 아니다

임장은 발로 다녀야 한다. 차로 다니는 것은 주차장까지. 지방을 갈 경우에는 하루를 다 써야 한다. 몹시 피곤하다. 부동산 투자를 할 때 노력과 수고가 들어가는 건 이뿐만 아니다. 책을 수십 권 읽고, 잠을 못 자면서까지 임장을 다니고, 수익을 올리기 위해 셀프 인테리어를 하는 등 찾아보면 해야 할 일이 한두 가지가 아니다. 그래서 가끔은 그 수고를 누군가 알아주기를 바란다.

초보 투자자 시절에는 '인간적으로 이 정도 노력했는데 안 알아준다고?'라는 생각이 들었다. 들어주는 사람도 없는데 자랑을 하고 싶었다. 그렇게 했는데도 손해가 나면 억울한 마음에 화가 치솟기도 했다.

지난 하락장 때 일이다. 몇 천만 원의 손실이 났다. 여유가 있어서 상승장 때까지 버티고 기다릴 수 있다면 좋겠지만 상황이 그렇지 못했다. 팔아야 했다. 그런데 좀처럼 매수자가 나서지 않았다. 지방은 더 심했다. 2년간 아예 매도가 안 됐다. 헐값에 내놔도 안 팔렸다. 전세가보다 싸게, 매매 계약만 해도 몇 천만 원을 현찰로 주겠다는데도 매수자가 나타나지 않았다. 그쯤 되니 하늘이 원망스러웠다.

'그동안 얼마나 노력했는데 그 대가가 이것이냐!'

그러나 나도 알고 있었다. 이런 마음은 어리광이나 투정일 뿐이다. 투자자는 모든 노력의 대가를 스스로 만드는 사람이다. 하늘이 감동해서 복을 주겠거니 하는 기대는 통하지 않는다. 모든 책임, 수익, 손실까지도 투자자의 몫이다.

노동과 노력은 매우 숭고한 것이다. 존중 받아 마땅하다. 그러나 모든 노동과 노력이 수입으로 연결되진 않는다. 노동과 노력을 누군가가 사주어야 돈으로 바뀐다. 직장생활이라든지, 아르바이트라든지, 사업상 계약으로 '돈을 받기로 약속된 상황'에서만 수입이 생긴다. 투자는 뭣도 아니다. 열심히 한다고 수익이 생기는 게 아니다. 이걸 처음부터 잘 잡아놓지 않으면 '보상 심리'로 그저 그런 물건을 사는 실수가 벌어진다.

'막연하게 노력하면 대가가 따라오겠지'와 같은 믿음은 초보자의 희망사항일 뿐이다. 그런데 이런 잘못된 믿음의 싹을 잘라버리지 않으면 '간 김에' 계약을 하게 된다.

새벽에 잠도 못 자고 지방으로 차를 몰기 시작한다. 점심 즈음에 라면 하나로 점심을 때우고 부동산에 도착한다. 날은 덥고 집도 몇 군데밖에 못 봤다. 하필 매수하려는 집은 전세입자가 보여주려 하지 않는다. 기다리다 지쳐 동네를 한 바퀴 돌고 다시 전세입자에게 전화를 건다. 간신히 집을 보고 나왔는데 잘 모르겠다. 매도인은 절대로 깎아줄 마음이 없다고 한다. 그럼 시세대로 사는 것인데, 다행히 집 상태가 좋아서 전세로 돌리기에 무리가 없을 것 같다. 이런저런 생각에 계산기를 두드려보지만 잘 모르겠다. 그런데 마음이 슬슬 사는 쪽으로 기운다. 보상 심리가 발동한 탓이다. 어렵게 내려와서 개고생을 했는데, 뭐라도 하나 남겨 가야 하지 않겠냐! 더 나아가 집을 사고야 말겠다고 마음먹게 된다.

투자자의 노고를 알아주는 사람은 누구일까? 없다. 투자자가 애쓴 것을 알아주는 사람은 한 명도 없다. 월급을 받고 일하러 간 것이 아니지 않나. 그런데 투자자는 알아주길 바란다. 하늘에서라도 알아주었으면 한다. 그래서 계약 후에는 잘 풀리지 않을까 기대한다. 집으로 돌아갈 때 '그래도 계약은 했잖아.'라며 스스로를 위로한다.

위로는 수익을 만들어주지 않는다. 그러니 절대로 보상 심리로 계약을 해서는 안 된다. 초보자는, 특히 투자금이 적은 소액 투자자는 무조건 싼 물건을 사야 한다. 싸게 사도 시장의 흔들림에 따라 수익이 나지 않을 수도 있다.

초보 투자자가 하늘의 감동을 바라며, 보상 심리로 매수하는 것은 목표가 제대로 서있지 않고, 당장 달성해야 할 가장 작은 목표를 망각하고 있기 때문이다. 열심히 했으니 좋은 결과가 따를 것이라는 헛된 희망을 품지 마라. 냉정해야 한다. **수익은 당신의 노고와 비례하지 않는다. 당신의 실력과 비례한다.**

소액 투자자의 1차 목표는 소액 투자에서 벗어나는 것

경험상 소액 투자자는 투자를 하다가 월급쟁이로 돌아가는 빈도가 그렇지 않은 투자자보다 훨씬 높다. 소액 투자자는 직장 생활에서 야근과 철야도 잘한다. 직장에서 월급이 나오므로 최선을 다한다. 당장은 여유가 없어서 이직을 고민하기도 힘들다. 직장에 잘못 보이면 월급이 끊길 수 있기 때문에 투자를 시도하다가도 금방 포기해 버린다.

뿐만 아니라 소액 투자자는 전쟁에 참전하는 군인과 같다. 처음에는 열의가 넘치지만 어느 순간 겨울날 라면 물 식듯이 차갑게 식어버린다. 또 소액 투자자는 임장 시 현장에 가도 할 게 없다. 돈이 별로 없으니 일반적인 물건을 봐도 소용이 없다. 소액 물건은 가뭄에 콩 나듯이 나온다. 그나마 볼 수 있는 곳은 지방이다. 그런데 지방으로 이동하면 돈과 시간이 많이 깨진다. 가성비가 안 나온다. 시간과 에너지를 썼는데 대가가 없으면 더 나가기가 싫어진다.

요즘은 인터넷과 플랫폼이 발달해 몇 번의 클릭이면 전국 아파트 시세와 매물을 한눈에 볼 수 있다. 자칫 시간과 에너지를 써가며 현장에 가는 것이 불필요한 일처럼 느껴진다. 데이터 의존도가 높아질수록 '임장'은 귀찮고 의미 없는 일로 여겨진다.

데이터에 의존하며 현장에 나갈 필요를 느끼지 못하는 소액 투자자의 상당수는 거기서 투자를 멈춘다. 현실적으로 현장을 모르는 초보 투자자가 현장에 나가지 않고 데이터에 의존해 의사 결정을 하려 들면 물건을 사는 것은 거의 불가능해진다. 현장감도 없고, 돈도 없고, 주변 상황도 잘 모르는데 무슨 배짱으로 투자를 하나?

게다가 소액 투자자는 또 다른 위험에도 노출된다. 일단 돈이 없다. 그래서 일반 투자자보다 리스크에 취약하다. 물건을 잘못 사면 돈으로라도 상황을 해결해야 하는데, 그럴 돈이 없다. 그래서 더 위험하다.

소액 투자자가 모든 위험을 극복하고 성공 투자를 하기 위해서는 더 많은 에너지, 공부, 노력, 헌신이 필요하다. 나는 소액 투자자에게 1차 목표로 '소액 투자를 벗어나는 것'을 제안한다. **최대한 빠른 시간에 투자금을 늘려서 소액 투자자라는 꼬리표를 떼어내야 한다.**

'돈이 없다' 혹은 '돈이 적다'는 것은 자랑거리가 아니다. 처음부터 소액 투자자이길 바라는 사람은 아무도 없다. 투자금을 늘리기 위해 여러 번의 투자를 성공시키는 방법을 찾아야 한다. 크기가 커질 수 있게 공을 굴리는 것이 중요하다.

돈이 많은 투자자는, 아니 투자자가 아니어도 서울의 수십 억짜리 아파트를 살 수 있는 사람은 걱정이 없다. 부동산을 사 놓고 시간이 흐르길 기다리면 그뿐이다. 부동산은 상승장과 하락장을 번갈아 보이면서 꾸준히 상승한다. 상승장에 샀으면 다음 상승장까지 한 사이클이 돌기를 기다리면 된다. 하락장에 샀으면 기다리는 시간이 더 짧다. 수십 억짜리 아파트는 상승폭이 작아도 괜찮다. 10억짜리 아파트는 5%만 올라도 5,000만 원이다. 20억짜리 아파트는 5%만 올라도 1억이다. 에너지, 공부, 노력, 헌신이 없어도 돈을 벌 수 있는 탄탄대로가 펼쳐져 있다.

돈도 시간도 없다면 그에 맞는 해결책을 찾아야 한다. 리스크를 최소화하기 위해서는 에너지, 공부, 노력, 헌신을 활용해야 한다. 한번 잘못 사게 되면 다음 상승장까지 기다려야 하므로 신중하게 접근해야 한다. 돌다리도 두드려본다는 심정으로 임장도 여러 번 간다. 최대한 싸게 사서 조금씩 수익을 늘려나가는 것이 좋다. 3~4번 성공 투자를 반복하면 소액 투자자라는 자랑스럽지 않은 딱지도 떼어버릴 수 있다.

뜨내기손님으로 남는 한 부동산에서 급매를 찾을 수 없다

현장에 다녀온 많은 투자자들이 자주 하는 말이 "급매가 없다."는 것이다. 정말 급매가 없는 것인지, 급매를 못 찾은 것인지 알 길이 없다. "급매가 없다."는 말을 입에 달고 다니는 사람들이 정말 급매를 찾으려고 노력했는지 의심스럽다. 쉽게 찾을 수 있는 급매 물건이라면 누구나 싸게 부동산을 매입할 수 있을 것이다. 급매 물건을 사고 싶다면 적극적으로 노력해야 한다.

거래는 매도인과 매수인이 합의를 보는 과정이다. 그런데 둘은 직접 만나지 않는다. 대부분 중개사가 끼어 있다. 요즘은 인터넷으로 물건을 찾은 후 중개사에게 연락하는 것이 일반적이어서 이러한 방식이 표준 거래방법이라고 생각하는 이들이 많은데, 그렇지 않다.

부동산 물건 중에는 중개사 선에서 거르는 물건들이 있다. 단독 중개를 위해 중개 사이트에 물건을 올리지 않기도 하고, 매도자로부터 독점 중개를 확약받고 자신의 고객에게만 물건을 푸는 중개사도 있다. 그런데 중개사들과 직접 접촉하지 않은 고객은 중개사가 따로 쥐고 있는 물건들이 있다는 것조차 모른다. "현장에 가봤더니 급매가 없더라."며 하소연만 한다.

급매를 찾으려면 무조건 현장에 가야 한다. 이왕이면 자주 가야 한다. 자신이 중개사라고 생각해 보라. 급매 물건이 들어왔는데, 팔면 수익이 확실한 물건이다. 누구에게 이 물건을 소개하고 싶나? 비가 오나 눈이 오나 일주일에 한 번씩 찾아오는 고객과 가끔 전화를 거는 고객, 오늘 처음 부동산에 연락한 고객 중 누구와 거래하고 싶을까? 이도 저도 필요 없다며 '아무나 사 가라'는 생각으로 인터넷에 물건을 올리진 않을 것이다.

사람 마음은 다 거기서 거기다. 비가 오나 눈이 오나 찾아오는 고객에게 마음이 가게 돼있다. 오늘 처음 연락한 고객이나 가끔 전화해서 가격을 묻는 고객에게는 연락하지 않을 것이다.

정보를 주고 그쪽에서 거래하지 않으면 다른 중개사에 물건이 노출돼 물건만 뺏길 수도 있다. 전부터 물건이 나오면 사겠다고 확답하고 간 고객에게 물건을 보여주고 거래를 성사시키려고 할 것이다.

임장을 가도 급매를 찾지 못하는 이유는 이 때문이다. 한 달에 한 번, 일 년에 몇 번씩 현장을 돌면서 급매가 없다고 하는 것은, 이미 경쟁에서 밀린 것이다. 가끔씩 몰아서 임장을 다니는 사람은 운이 좋아야 급매를 찾을 수 있다.

중개 수수료를 받아야 하는 입장에서 신뢰할 만한 고객은 얼굴을 보여주고 시간과 에너지를 갈아넣은 고객이다. 소액이지만 투자에 성공한 투자자는 시장의 눈에 뜨인 투자자, 리스크를 충당할 준비가 돼있는 투자자, 중개사에게 미리 연락했던 투자자, 아니면 운이 좋은 투자자이다.

투자자는 월급을 받는 방식으로 돈을 버는 사람이 아니다. 그런 기대는 애초에 접어두어야 한다. 남들보다 몇 천만 원 싸게 사려면 그만큼의 노력을 하는 것이 당연하다. 그러나 투자는 노력을 많이 했다고 그만큼의 수익을 얻을 수 있는 1차 방정식이 아니다. 상수는 거의 없고 변수만 많은 2차 방정식에 가깝다. 물론 난이도가 높을수록 수익도 높아진다.

4

당신이 깃발을 꽂을 마지막 종착지는 강남이어야 한다

"제2의 강남은 어디가 될까요?"

많이 들어본 질문이다. 처음에는 열심히 답을 찾아보았다. 그러나 공부를 하면 할수록, 그런 곳이 과연 생길 수 있을까 싶은 생각이 들었다. 강남의 개발 스토리를 알면, 제2의 강남을 꿈꾼다는 것이 얼마나 힘든 일인지 알 것이다.

1970년대의 강남 사진을 본 적이 있는가? 논현동에는 넓은 논이, 압구정동에는 배 밭과 민가가 있었다. 압구정 향우회에서 강남구청에 기증한 사진에는 현대백화점 압구정 본점 자리에 기와를 얹은 집 한 채가 보인다. 강남 중에서도 강남이라는 그곳은 45년 전까지만 해도 소가 수레를 끌고 다니던 논밭이었다. 강남이 지금껏 전국 최고가의 땅값을 자랑하는 교통, 문화, 의료, 교육의 중심지가 된 데는 정부의 강력한 의지가 작용한 결과다.

'논고개마을'을 논현으로, '새마을'을 신사로, '학마을'을 학동으로 바꾼 것은 1966년 '영동 토지구획 정리사업'이었다. 《서울 도시계획 이야기》(손정목 저)에서 살펴본 강남 개발사는 이러하다.

일제 강점기부터 1960년대까지만 해도 강남은 강북에 사는 서울 시민에게 벼와 채소, 과일 등을 제공하는 농촌이었다. 서빙고나 한강진 나루터에서 배를 타고 강남으로 내려가면 논밭과 과수원을 쉽게 볼 수 있었다. 압구정은 배, 도곡동은 도라지, 잠원동은 뽕나무와 무의 주산지였다. 강남 사람들이 수확한 작물은 나룻배에 실려 강북으로 팔려갔고, 돌아오는 배에는 논밭에 뿌릴 분뇨가 가득했다.

변화는 1963년 서울의 행정구역 확장부터 시작됐다. 269km²이었던 서울이 단숨에 2배가 넘는 605km²로 확장된다. 서울을 둘러싼 동서남북 땅들이 서울로 편입된 것이다. 당시 한강 이남의 서울은 영등포구와 성동구가 양분하고 있었는데, 광주군에 속했던 넓은 땅이 성동구로 편입됐다. 이곳은 훗날 강남구, 송파구, 강동구가 된다.

정부에서 서울을 키우기로 한 건 늘어난 인구를 수용하기 위해서였다. 1920년대 20만 명이었던 인구가 1965년 350만 명으로 늘어났다. 강북 도심지역의 과밀화는 주거, 교통 등의 문제를 일으켰다.

서울의 확장은 사대문 바깥의 업무단지와 주거지구의 개발로 이어졌다. 1966년, 먼저 민간 주도의 '남서울 신도시 계획안'이 발표됐다. 서울시의 개발안은 '새서울 백지 계획'으로, 워싱턴DC를 모델로 하는 도시 계획이었다.

본격적인 강남 개발이 시작된 건 박정희 전 대통령이 주도

한 '경부고속도로'가 개통(1970년 7월 7일)되기 전이었다. 제3한강교 이남의 대규모 구획 정리가 필요하여 양재동 분기점부터 7.6km에 이르는 일대를 개발하기로 했다. 넓은 면적을 영동1지구와 영동2지구로 나누었고, 1970년대 초에 구획 정리 사업과 영동지구 개발이 진행됐다. 이렇게 여의도 면적의 10배에 달하는 넓은 땅이 신시가지로 바뀌기 시작했다.

1970년 영동지구에 60만 명이 거주할 수 있는 신시가지를 개발한다는 내용이 담긴 '남서울 개발 계획'이 발표됐다. 삼성동에 상공부와 한전 등 국영기업이 입주할 종합 청사를 신축하고 직원들을 위한 30만 평 주택용지를 확보하는 내용이 포함됐다.

1975년에는 강북의 주요 시설과 학교를 강남으로 이전시키기 위한 각종 정책이 시행됐다. 그와 함께 아파트 붐이 일기 시작됐다. 1975~1979년 강남에 1만 7,108가구가 건설되었고 1980~1985년에 4만여 가구가 추가되었다.

당시 강남을 대표하는 시설은 지방을 오갈 수 있는 터미널이었다. 1976년에 문을 열었으나 빠른 시일에 완공시키다 보니 시설이 굉장히 열악했다. 승객이 오지 않자 강남 종합 버스터미널 활성화를 위해 정부는 강북의 터미널을 강제로 폐쇄했다.

1970년대 서울시의 주요 행정 과제는 강북 집중을 막는 것이었다. 강북 주요 지역에서는 유흥시설과 숙박업소뿐만 아니라 백화점과 도매시장, 공장의 신규 입점이 가능해졌다. 1972년에는 사대문 안에 있던 명문고를 강남으로 이전시키는 안이 발표됐다. 가두시위를 하고 '이전 취소 건의서'를 청와대에 보낼 만큼 동문들의 거센 반발이 있었으나 결정은 번복되지 않았고, 1970년대 말 경기고, 휘문고 등의 이사가 진행됐다.

이렇게 정부의 전폭적인 의지와 지지, 각종 법규를 무력화시킬 정도로 밀어붙이는 불도저식 추진력. 그것이 오늘날의 강남을 만들었다.

이유 있는 강남 불패
강남은 성공과 부의 상징이다

강남의 일자리는 제2의 강남을 만들기 어려운 또 다른 이유다. 2023년 기준으로 서울의 일자리 10곳 중 3곳이 강남에 있다. 사업체 수를 봐도 강남, 서초, 송파의 강남 3구 비중이 21%(24만 9,702개)에 달한다. 20년 전(13만 9,300개)과 비교해도 2배가량 늘었다. 구로 구분해 보면, 강남구는 단연 1위다. 서초구·송파구는 상위 5위 안에 있다.

역사적으로 보면 한반도의 전통적인 업무지구는 서울시의 '중구'였다. 1990년대까지도 중구에는 6만 개가 넘는 일자리가 있었다. 당시 기준으로 압도적 1위였다. 그 뒤를 여의도가 따라붙고, 그 다음이 영등포구, 그 뒤가 강남이었다.

그러던 것이 1997년 강남구 주재 사업체가 4만 개를 넘기며 영등포구를 앞지르기 시작했고, 2000년 5만 개를 넘겼다. 강남구의 사업체 수는 꾸준히 늘어 2013년에 7만 개를 넘기며 중구를 제치고 서울 자치구별 사업체 수 1위 지역으로 등극했다. 2020년 기준으로 강남구에 있는 사업체 수는 11만 개가 넘는다.

1970년대에 시작된 강남 개발은 주택과 상업시설, 교육시설뿐만 아니라 업무지구를 확대하는 원동력이 됐다. 취득세, 재산세, 등록세 면제와 같은 파격적인 혜택에 힘입어 비주택 건물들이 빠르게 늘어갔다. 대표적으로 1980년대 후반부터 금융기관들이 테헤란로로 이전했다. 시청과 을지로, 광화문 등 도심 업무지구의 과밀을 해소하고 인구를 분산시키기 위한 정책 덕분에 이전 자체가 빠르게 진행됐다.

1997년 외환위기 이후에 강남은 벤처와 정보기술(IT) 기업의 성지로 발돋움했다. 경기도 판교가 신도시로 개발되고 테크노밸리 중심으로 IT기업들의 클러스터가 형성됐으나 강남의 영향력은 줄지 않았다. 오히려 강남권 집중이 더 심해졌다.

한 글로벌 부동산 컨설팅 회사에서 발간한 〈2023 서울 오피스 테넌트 프로파일〉 보고서에 따르면, IT기업의 강남 비중은 2022년 4.6%나 상승한 데 이어 2023년에도 0.9%가 더 늘었다. 다른 권역 대비 가장 큰 폭으로 증가했다. 한때 코로나19 여파로 공실률이 치솟았지만 사태 종식 후 다시 오피스 품귀 현상이 빚어진 것이다.

21세기 대한민국에서 강남은 성공의 상징이다. 사람들은 계속 강남으로 몰려든다. 왕복 10차선 대로를 따라 늘어선 높은 빌딩숲에는 활력과 생동감이 넘쳐난다. 강남 지역을 통과하는 지하철은 출퇴근 시간대에 혼잡도가 매우 높다.

여러 데이터를 보면 '강남 선호도'는 세대가 바뀌어도 유지될 것으로 보인다. 서울시가 2022년 발표한 시민 생활 데이터를 보면, 서울에서 1인 가구가 가장 많이 사는 곳은 강남구 역삼1동(1만 6,130가구)이다. 돈이 들더라도 직주 근접이 가능한 강남에 살고 싶어 하는 이들이 늘고 있다. 강남 불패는 대한민국이 망하지 않는 한, 수도 서울이 유지되는 한 계속될 것으로 보인다.

'똘똘한 한 채' 강남이 더 귀해졌다
강남에 깃발을 꽂을 준비를 하라

'똘똘한 한 채'를 모르지 않을 것이다. 입지, 생활환경, 학군이 좋은 질 높은 주택을 말한다. 지금은 익숙한 '똘똘한 한 채'는 불과 몇 년 전에 만들어진 신조어이다. 정부의 강력한 부동산 규제가 이를 탄생시켰다.

2017년 정부에서 발표한 8·2 대책은 다주택자를 겨냥한 규제 정책이었다. 2018년 4월부터 다주택자들이 집을 팔 때 '양도세 중과'를 시행하겠다고 엄포를 놓았다. 대출 규제를 통해 추가 매입도 원천 차단했다. 이후 발표된 종합부동산세 개편 방안도 3주택 이상 다주택자의 세 부담을 늘리는 데 중점을 두었다. 다주택자는 주택 매매 시 양도세 중과, 보유 시 보유세(종부세) 부담 증가라는 진퇴양난에 빠졌다. 더 이상 다주택을 유지하는 것이 쉽지 않다는 것을 깨달은 투자자들은 '똘똘한 한 채만 남기고 정리한다.'는 새로운 투자 노선을 따랐다.

덕분에 시장은 정부가 예상한 바와 다르게 흘러갔다. 정부는 다주택자를 규제하면 집값이 안정화될 줄 알았을 것이다. 그러나 기이하게도, 강남 단지를 포함한 유명 단지들 중심으로 집값이 가파르게 오르기 시작했다. 한강변에 위치한 단지들의 오름세는 더 가팔랐다. 다주택자와 함께 자산가들이 강남 지역을 중심으로 집을 마련한다는 소문이 돌자 매도자들은 물건을 거둬들이기 시작했다. 집값은 널뛰기를 하며 오름세를 유지했다. 이러한 사실이 연일 보도되자, 이제 전 국민이 알아버렸다. 강남 3구의 똘똘한 한 채가 모두가 가야 할 종착지라는 것을!

물론 강남 3구도 하락장을 피해 가지는 못했다. 크기가 커서 같은 하락폭이라도 하락금액은 2~3배에 달했다. "이제 강남도 끝났다."는 말도 들렸다. 그러나 슬금슬금 시장이 회복될 때, 강남은 가장 먼저 전 고가를 회복했다. 심지어 넘어선 곳도 있다.

수요가 쏠리면서 그 부작용으로 주택 격차는 더 확대되고 있다. 2024년 서울의 상위 20%와 하위 20%의 아파트 값 격차가 사상 최대치를 기록했다. 2024년 7월, KB부동산 '월간 주택가격 동향'에 따르면 상위 20%(5분위)에 속하는 서울 아파트의 평균 매매가격은 25억 3,233만 원이다. 반면 같은 기간 하위 20%(1분위)의 매매가격은 4억 9,064만 원이다. 전월 대비 상위는 오르고 하위는 떨어지는 모양새다. 집값 양극화 정도를 나타내는 '5분위 배율'도 치솟았다. 5분위 배율은 상위 20%의 평균 가격을 하위 20%의 평균 가격으로 나눈 값인데, 2024년 7월에 5.2를 찍었다. KB부동산이 통계를 작성하기 시작한 2008년 12월 이후 가장 높은 수치였다. 내 예상대로 이 현상은 점점 더 심각해졌고, 놀랍게도 2025년 6월에는 6.4를 찍으며 역대 최고치를 갱신해 사람들을 놀라게 했다. 솔직히 나도 놀랐다.

이처럼 모든 정책과 데이터가 "강남으로 가라!"고 말하고 있다. 업무지구와 일자리에서 강남의 파워는 날로 커질 것이고, 정부 정책이 바뀌지 않는 한 똘똘한 한 채 트렌드도 지속될 것이다. 게다가 새로운 수요층인 3040세대는 기축보다 신축, 입지가 좋은 지역, 대단지를 선호한다. 장기적으로 주택 공급이 부족해지면 똘똘한 한 채 수요는 더 많아질 것이다.

내가 만난 자산가들에게 강남은 '사놓고 신경 쓰지 않아도 되는' 곳이었다. 그야말로 부동산계의 우량주다. 그들은 잘 갖춰진 인프라, 좋은 입지, 미래 개발 계획이 있는 투자처, 관리 상태가 좋아 유지보수에 비용이 적게 드는 곳으로 강남 3구를 꼽았다.

배가 아프지만 실제 그렇다. 일례로 강남 3구에는 사업체 수가 많다. 사업체가 많다는 것은 법인에서 벌어들일 수 있는 세금이 많다는 것을 뜻한다. 세금이 많이 걷히면 주거 환경 개선에도 더 많은 돈을 쓸 수 있다. 넓고 쾌적한 도로를 만들고, 상하수도를 정비하고, 눈이 내리면 제설차도 더 빨리 보낼 수 있다. 세금 구조조차 살기 좋은 강남 3구를 만드는 데 일조하고 있다. 이런 이유로 강남의 입지가 다른 구에 추월당하거나 시설 자체가 낙후될 가능성이 매우 낮다. 에셋파킹용으로 강남의 부동산만 한 곳이 없다.

이런 사실은 초보 부동산 투자자에게 결코 좋은 상황이 아니다. 집값이 오르는 건 공급 대비 수요가 많기 때문이다. 매매가 이루어지려면 누군가 집을 내놓아야 한다. 그런데 강남은 팔려는 사람이 많지 않다. 갖고 있는 사람들조차 더 사려고 아우성이다. 절대로 안 뺏기려고 한다. 앞으로도 강남 3구의 매입 경쟁은 더 치열해질 것이고, 가격은 오를 수밖에 없다.

이제 알았을 것이다. 왜 강남을 최종 목적지로 해야 하는지, 왜 강남에 먼저 깃발을 꽂아야 하는지. **다른 곳을 살필 필요도 없고 한눈을 팔 필요도 없다. 이미 종착지는 정해져 있다. 어떤 루트로 가야 할지만 고민하면 된다.** 0원 투자와 루틴으로 길을 만들지, 집중 투자를 2~3번 해서 자금을 키울지, 그도 아니면 코인을 죽어라 파서 부동산으로 갈아탈지 이제 정해야 한다.

5

잃지 않으려면 현장뿐 아니라 경기도 알아야 한다

투자를 시작할 때부터 '싸게 사는 것'에 집중해야 한다. 나는 '0원 투자'가 이기고 시작하는 투자법이라 자신했다. 규제가 많지 않던 시절이라 싸게 사면 무조건 수익을 낼 수 있었다. 대폭락장만 오지 않는다면 가능한 시나리오였다.

경매는 부동산을 싸게 살 수 있는 대표적인 방법이었다. 원칙은 간단했다. 거래가 되는 곳의 싼 물건이면 됐다. 나는 원칙을 지키며 수익을 만들어갔다.

광명시의 한 아파트는 대부분이 꺼리는 구릉지에 있었다. 세대수도 300세대에 미치지 못했다. 선호도가 높은 판상형이 아니라 T자형 구조로, 거실이 옆집 베란다와 ㄱ(기역)자로 마주 보고 있어 사생활 침해 우려가 높았다. 게다가 당시 광명시의 주요 투자처는 재건축, 재개발, 택지지구, 리모델링 등이었는데 해당 아파트는 거기에도 끼지 못했다. 2000년대 중반에 건축돼 개발로 재미를 볼 가능성이 아예 없었다. 경매에 올라온 아파트를 보고 '될까?' 싶었지만 일단 가보았다. 임장을 나가는 것이 루틴이었으므로 무조건 나갔다.

아파트가 위치한 곳은 철산4동으로, 가산디지털단지와 가까워 안양천만 건너면 20~30분 도보로 이동이 가능한 곳이었다. 지하철역은 도보로 10분도 걸리지 않았다. 바로 앞에 초등학교가 있었고, 주요 상권도 가까웠다. 해당 아파트는 단지 내에서 유일하게 앞뒤가 트여 있고, 남향에 방과 거실과 방이 배치된 4베이 구조였다. T자형 구조의 나머지 집들은 방 1개와 거실만 남향으로 배치된 2베이 구조였다.

부동산에 들어가 해당 동호수를 물으니, 매물이 가진 장점 때문에 2,000만~5,000만 원 정도 더 받을 수 있다고 했다. 전세금도 더 받을 수 있었다. 가격을 꼼꼼히 따져보니 전세가가 낮지 않았다. 여러 약점 때문에 지역의 대장주보다 매매가는 몇 억이나 쌌지만, 전세가는 1억 원 정도밖에 차이가 나지 않았다. 나는 입찰에 도전했고 '낙찰'을 받았다. 입찰자가 많지 않았고, 집에 살고 있는 전 주인을 내보내는 것도 어렵지 않았다. 나는 전세가를 최대로 받아 큰 비용을 들이지 않고 등기를 마무리했다. 2년 뒤에는 전세가가 올라 수익이 상당했다.

어쩔 수 없는 상황에서 급매물을 내놓는 매도자를 공략하는 것도 싸게 사는 방법이다. 비과세 기간에 맞추어 매도해야 하는 경우, 갑작스런 이주나 발령, 이민으로 매도가 급한 경우, 상속과 증여로 받은 물건을 급매로 내놓는 경우가 대표적이다. 매매를 할 수밖에 없는 매물은 주도권이 매수자에게 있다. 특히 부동산 상승기에 접어들어 정부의 규제가 많아질 때, 이런 급매를 잡으면 수익이 커진다.

2020년 7월부터 계약갱신청구권제와 전월세상한제를 포함하는 임대차2법이 즉시 시행됐다. 시장에서는 실입주가 가능한 물건과 아닌 물건의 가격이 크게 벌어졌다.

서울시 마포구의 한 아파트는 24평의 경우 실입주가 가능한 물건은 7억 5,000만 원, 세입자가 있는 물건은 7억 원으로 호가에서 5,000만 원 차이가 났다. 네이버 부동산에 올라온 물건들이었다. 입주가 가능하냐 아니냐에 따라 그렇게 가격이 차이나는 것이 당연했던 때였다.

마포구는 자주 임장을 다녔던 곳이었으므로 당장 부동산으로 갔다. 두 물건의 상태를 물어보니 같은 층에 같은 컨디션이라고 했다. 예상한 대로 세입자가 있는 물건의 주인은 실입주가 불가능한 상황을 고려해 가격을 낮춰 물건을 내놓은 것이었다.

나는 다시 수소문을 해서 해당 물건의 세입자를 받은 부동산을 찾아갔다. 그리고 부동산에 "세입자에게 이사비용으로 300만 원을 드릴 테니 이사가 가능한지 물어봐 달라."고 부탁했다. 세입자가 나간다면 그곳에서 계약서를 쓰겠다고 했다. 며칠 뒤 연락이 왔다. 세입자는 이사비용을 받고 이사를 나가겠다고 했다. 나는 즉시 매수 의사를 밝히고 가계약금을 이체했다. 전화한 통으로 4,700만 원이나 싸게 거래를 성사시킨 것이다.

●
갭투자에서 똘똘한 한 채로
대한민국 투자의 정석이 바뀌었다

'전세를 끼고 집을 사서, 전세금이 오를 때를 기다린다. 2년 뒤 전세금이 오르면, 그동안 모은 저축액과 전세금으로 다른 집을 산다. 그렇게 1채를 2채로, 2채를 4채로 확장한다. 그럼 여러 채에서 수익이 증가해 부자가 될 수 있다.'

솔직히 부동산 투자에 대해 잘 몰랐을 때 나는 '이렇게 간단하다면 나라도 하겠다.'고 생각했었다. 그러면서 갭투자의 여러 가지 취약점을 열거했다. '집값이 정말 계속 올라줄까?', '전세금이 떨어지면 어떻게 하지?', '세입자가 안 구해지면 어떻게 하지?', '재산이 많아지면 4대 보험도 다 오른다는데 보험 폭탄 받으면 어떻게 하지?', '중개 수수료, 재산세 등도 비용인데 이건 어떻게 감당하지?' 이런 걱정들을 뒤로하고 나는 다시 월급쟁이 생활로 돌아갔다. '재테크'에 눈을 뜨기 전, 기대보다 걱정이 더 많던 때였다.

2010년대 중반, 엄밀히는 2015년 전후 상승장이 시작되면서 시장에 '갭투자'라는 용어가 생겼다. 투자자는 갭투자를 이용해 집을 여러 채 샀다. 전세금이라는 총알을 이용해 최대한 많은 집을 사서 수익을 키우는 전략을 짰다.

당시 시장은 다주택자에게 유리했다. 전세가율이 올라가면서 대출 규제가 완화됐다. 장기적 부동산 침체기를 걱정한 정부는 다주택자들이 활용할 수 있는 카드를 내주었다. 2013년부터 미분양이 줄어들기 시작해 2015년에는 대폭 감소했다. 2007년에 11만 3,000채였던 미분양은 금융위기 직후인 2008년 16만 채까지 넘쳐났으나 2015년에는 3만 채 이하로 떨어졌다. 결과적으로 다주택자가 무더기로 양산되었다.

나는 정책 변화를 지속적으로 자세히 관찰했다. 8·2 대책은 일시적으로 갭투자 증가에 기름을 부었다. 정부에서는 다주택자 규제 및 서울 일부 지역에 투기지역 지정, 재건축·재개발 규제, 분양가 상한제 부활 카드를 활용했으나, 갭투자 비중은 30%를 웃돌았다.

그러나 '양도세 중과'라는 강력한 규제로 인해 갭투자의 실익이 반 토막 나면서 갭투자의 매력도 사라지기 시작했다. 양도세 중과는 2014년 주택거래 활성화를 위해 폐지됐다가 2017년 8·2 대책으로 재등판했다. 2021년 이후 양도분부터 1년 미만 보유 주택에 대한 양도세율이 40%에서 70%로 인상됐다. 1년 이상 2년 미만 보유 주택의 양도세율은 기본세율(과세표준 구간별 6~42%)에서 60%로 인상하기로 했다. 또 다주택자가 조정대상지역 내 주택을 양도할 경우 2주택자는 20%포인트, 3주택 이상인 자는 30%포인트의 양도세를 중과했다.

이 과정에서 투자 트렌드는 '갭투자'에서 '똘똘한 한 채'로 변화했다.

갭투자가 활성화될 때는 서울·수도권과 지방이 시차를 두고 같이 오르는 양상이 나타났다. 수익이 난다면 굳이 좋은 물건, 나쁜 물건을 가릴 필요가 없기 때문에 서울 사람들도 지방으로 원정 투자를 다녔다. 그러나 똘똘한 한 채가 트렌드가 되자 지방보다는 서울·수도권, 그중에서도 강남에 강력한 쏠림 현상이 나타났다. 1채밖에 보유할 수 없으니 굳이 차선을 선택할 이유가 없어진 것이다.

그런데 갑자기 코로나 사태가 터졌다. 초기에는 정부에서 금리를 낮추고 보조금을 풀어 자산 가격이 크게 올랐다. 환호성과 곡소리가 울려 퍼졌다. 주택 소유주에게는 자산을 키울 기회가,

전세입자와 무주택자에게는 '벼락거지'가 되는 지옥문이 열린 것이다. 그러나 이런 분위기도 오래가지는 못했다.

2021년 8월을 기점으로 한국의 기준금리는 0.5%에서 0.75%로 상승했고, 2023년 1월 3.5%를 기록했다. 미국의 경우 2022년 초 0.25%였던 금리는 자이언트 스텝을 거쳐 2023년 하반기에 5.5%까지 상승했다. 자산 시장은 큰 충격을 받았고 부동산 시장에는 곡소리가 울려 퍼질 정도의 대폭락이 시작됐다.

●

과연 현장에 답이 있을까?
잃지 않는 투자를 위해 알아야 할 것들

갭투자를 포함해 투자 트렌드를 정리한 나는 0원 투자라는 나만의 투자기법을 만들어 시장에 뛰어들었었다. 많은 수익을 거두자 자만심이 하늘을 찔러 나는 맞고 세상은 틀리다고 생각하기 시작했다. 그러다 하락장을 맞이했고, 나는 다시 원점으로 돌아가 새로운 고민을 시작했다.

'이기고 시작하는 투자'는 가능한가?

포화가 작렬하는 전쟁터에 남겨진 나는 의구심이 들었다. '과연 현장에 답이 있는가?' 내가 0원 투자를 이기고 시작하는 투자법이라 자신했던 이유는, "현장에 답이 있다."는 부동산 전문가들의 말을 믿었기 때문이다. 현장에 나가 열심히 임장을 다니면 물건을 싸게 살 수 있는 방법을 찾을 수 있었다. 그것은 수익과 직결됐다. 때문에 나도 현장 맹신론자로서 투자를 오래 지속해 왔다.

일례로 경매의 경우, 현장이 매우 중요했다. 내가 사려는 물건의 임차인이 가상 임차인인지, 실제 계약이 있었던 것인지, 아니면 지인끼리 서로 짜고 가상 임차인을 세운 것인지 알아야 했다. 어려운 물건일수록 현장에 나갈 수밖에 없었다. 우체통을 뒤져보고 초인종도 눌러보았다. 그렇게 확인해서 입찰하고 상황이 잘 돌아가면 수익도 남길 수 있었다.

그러나 대폭락장을 경험한 후 현장만 알아서는 수익을 낼 수 없다는 것을 깨달았다. 싸게 사는 것은 확실히 유리한 투자법이지만, 글로벌 경제 여파로 국내 시장이 무너지면 아무 의미가 없었다. 실제로 산 가격보다 더 떨어져 수익을 내지 못하는 일이 벌어졌다. 현장에 답이 있다는 것은 반쪽짜리 전략일 뿐이었다.

'0원 투자'도 의미가 없었다. 하락장에서 20~30%, 30~40%씩 떨어지는 가격을 보았다. 차익이 아니라 차손이 발생했다. 매매가와 함께 전세가가 떨어져, 재계약 시에 계약금을 돌려줘야 하는 일들이 벌어졌다. 여기저기서 동시다발로 재계약이 이루어지면 세입자를 직접 만나 사정을 말해야 했다. 돈이 없으니 순식간에 죄인이 되었다.

결론적으로, 시장의 변화에 대응하지 못하면 수익은 나지 않는다. **이기고 시작하는 투자법은 존재할 수 없다. 차라리 잃지 않는 투자에 더 집중할 필요가 있다.**

투자 트렌드는 계속해서 바뀐다. 저금리에 부동산 규제 정책이 주택에 쏠려 있을 때, 오피스텔이나 지식산업센터라는 아파트형 공장에 투자자들이 몰렸다. 불과 몇 년 전의 일이다. 3주택 이상 주택 취득세가 조정대상지역 내 12%였다. 투자자들은 규제가 덜한 오피스텔과 지식산업센터로 눈을 돌렸고, 수도권 비주택 상품이 갑자기 상승세를 보였다. 준공 전 물량에도 주택가에 버금가는 프리미엄이 붙었다. 평상시라면 상상하기 어려운 광경이 시장에서 벌어졌다. 물론 금리 인상으로 비주택 투자에도 찬물이 끼얹어졌지만, 시장이 고정불변의 것이 아니란 것만큼은 확실히 알 수 있는 시간이었다.

정부의 정책은 매번 달라진다. 냉탕과 온탕을 오간다. 정책 말고도 부동산 시장에 영향을 미치는 것들은 한두 가지가 아니다. 금리, 수요와 공급, 글로벌 시장 분위기, 주식과 채권 등 기타 자산 상황……. 투자법은 이런 주변 환경에 영향을 받는다.

따라서 시장을 예측한다는 것은 불가능하다. 시장에 대한 분석은 후행적이다. 지나고 나서야 그때가 바닥이었는지 꼭지였는지 알 수 있다. 부동산 폭등기가 지나고 나서야, 코로나 사태로 풀린 천문학적인 돈과 저금리가 실물 자산 폭등으로 이어졌다는 분석이 가능했다.

투자자는 생물처럼 움직이는 경제를 늘 확인해야 한다. 과거에 대한 공부도 필수다. 인플레이션의 영향으로 실물 자산은 상승하지만, 장기간의 경제 사이클에서 상승장과 하락장은 계속해서 반복된다. 정부는 시장이 과열되면 규제하고, 침체되면 완화하는 정책을 '되풀이'한다. 이 과정에서 투자 트렌드가 만들어지는데, 이것도 시장의 변화에 따라 유행을 탄다.

만일 내가 대폭락장에서 얻어터지지 않았다면, 나는 아직도 0원 투자가 답인 양 설파하고 다녔을 것이다. 그러나 실패하고 깨달은 바가 있다. 투자를 하려면 현장뿐 아니라 경기를 알아야 한다. 위험은 불시에 찾아올 수 있다. 이기는 투자도 좋지만 잃지 않는 투자도 중요하다. 항상 배우고 겸손한 태도를 유지해야 한다. **경험상, 내가 맞다고 생각한 위험이 얼굴을 드러낸다. 손실과 실패는 그 다음 순서였다.**

6

선한 영향력과 친절로 무장한 사람을 조력자로 삼지 마라

내게는 여러 명의 멘토가 있다. 그중 한 명에 대한 이야기를 해보겠다. 경매 초보자로 루틴을 따라가는 내가 괜찮아 보였던지, 멘토 한 명이 이런저런 일을 같이 해보자고 적극적으로 연락을 해왔다. 그는 책을 낸 적이 있는 부동산 강사였다. 그의 책에 반해 그의 강의를 쫓아다녔고 많은 것을 배웠다고 생각했다. 그에게 신뢰가 느껴진 것은, 아니 엄밀히는 그를 믿고 싶었던 이유는 그의 말 때문이었다.

"저는 이제 돈을 벌려고 사업을 하지 않습니다. 선한 영향력을 끼치는 사람으로 살고 싶습니다. 여러분이 인생역전을 이루는 데 힘을 보태고 싶습니다."

선량한 그의 말을 들으니 나도 그처럼 되고 싶었다. 심한 자기비하에 세상도 비관적으로 보았던 내게 그는 '듣고 싶은 말'을 해주었다.

'돈 욕심이 없다는데 나한테 해를 끼칠 일이 뭐가 있겠어?'

나는 그를 믿었고, 아니 믿고 싶었고, 같이 하자는 일에 적극 동참했다. 뭔가 이상하다고 느끼기 시작한 것은, 내가 경매 초보자 티를 막 벗은 때였다.

그의 말은 수시로 바뀌었다. 어제 세운 계획이 오늘 엎어지고, 그와 같이 하기로 약속했던 사람들이 어느 순간 사라졌다.

그럼에도 그는 '인연은 소중한 것'이라며 꾸준히 내게 연락을 해왔다.

그와 얼굴을 붉히며 싸울 일은 없지만 나의 투자 경력이 쌓일수록 그가 이상한 사람이라는 생각이 들었다. 그가 말하는 것이 현실성이 없다는 것도 알아차리게 됐다.

'건물도 있고 돈도 많은데 부동산 투자에 필요한 이만한 자본이 없다고?'

의심이 들기 시작하자 의문은 꼬리에 꼬리를 물고 이어졌다. 납득이 되지 않는다고 느끼고부터 나도 적극적으로 대처하기 시작했다. "한번 보여주시죠." 그가 자랑하는 건물과 부동산 자산을 한번 확인하고 싶었다.

그는 학원, 부동산 컨설팅, 중개소, 출판사 등 안 하는 사업이 없었다. 아는 사람도 많았다. 나처럼 믿고 찾아오는 이들에게 늘 친절하게 대했다. 자신이 이룬 것들을 은근히 자랑하며 끊임없이 '선한 영향력'을 자랑했고 스스로를 수백억 자산가라고 소개했다.

그러나 내가 그가 가진 것을 확인하고자 했을 때 그는 아무것도 보여주지 못했다. 수백억 자산가라는 말은 새빨간 거짓말이었다. 직원들에게 전해 들은 바로, 그에게는 애초에 자랑할 만한 자산이 없었다고 한다. 나 같이 얼빠진 수강생은 투자자를 모으는 미끼였을 뿐이었다. 그는 어느 순간 자취를 감추었고, 기업 홈페이지도 사라졌다.

세상에 공짜는 없다
성공팔이 유명 강사를 조심하라

믿고 싶었다. 투자는 외롭고 고독한 일이지만, 조력자가 있으면 좋을 것 같았다. 게다가 그는 친절했다. 그래서 더욱 더 의지하고 싶었다. 정말 나를 응원하고 지지하는 멘토가 세상에 한 명쯤은 있다고 믿고 싶었다.

요즘 SNS를 보면 나와 같은 사람이 참 많다는 것을 느낀다. '영 앤 리치'를 갈망하는 추종자들을 공략하기 위해 대부분의 인플루언서가 '성공팔이'를 해댄다. 부를 과시하며 책을 내고, 강의를 만들어 팔고, 제품과 서비스도 판다. 나는 성공팔이가 신종 비즈니스 모델이라고 생각한다.

SNS에는 '월급 150만 원을 2년 만에 연봉 2억으로 만들어준

책 3권 추천', '흙수저 23살, 연봉 6억 벌게 된 이야기와 책 5권' 같은 섬네일이 가득하다. 마지막에는 강의와 책을 소개한 후 투자모임을 소개한다. "왜 돈이 되는 정보를 나누어주냐?"는 질문에 돌아오는 대답은 "선한 영향력을 행사하는 사람으로 기억되고 싶다."이다. 과연 그럴까?

대부분의 콘텐츠는 SNS 인플루언서로 개인 사업을 하는 이들이 자신을 드러내기 위해 성공을 팔아재끼는 것이다. **성공은 신뢰를 이끌어내는 가장 큰 담보물이라고 할 수 있다.** 고급 수입차를 타고, 명품을 걸치고, 자산을 자랑하는 그들의 곁에는 많은 사람들이 달라붙는다. 그들이 선한 영향력 운운하면 묻지도 따지지도 않고 돈을 갖다 바친다.

경고가 필요한 시기다. 선한 영향력에 낚인 사람들은 '나도 할 수 있다!'는 자신감을 보상으로 받는다. 하지만 지식도 경험도 없이 책을 읽고 강의를 듣는다거나 추천하는 투자처에 돈을 넣는다고 억대 연봉자가 되거나 수십 억대 자산가가 되는 것이 아니다.

유튜브를 시작하고 한동안 나의 수입은 0이었다. 돈을 바라고 한 것도 아니다. 나도 책 홍보에 도움이 될까 싶어서 가볍게 시작했을 뿐이다. 시작하고 나니 유튜브도 루틴 중 하나가 되었다. 그렇게 차근차근 쌓아 올라갔다. 콘텐츠가 쌓이니 구독자와 누적 조회수도 비례하여 올라갔다.

세상에 공짜는 없다. 돈을, 그것도 큰돈을 요구하는 조력자는 의심해야 한다. 그가 선한 영향력을 입에 달고 산다면 사기꾼일 가능성이 높다. 당하기 전에 알아야 한다. 사기꾼에게 날린 시간과 돈은, 스스로 한 투자로 잃은 시간과 돈보다 훨씬 더 뼈아프다.

●

응원해 주는 사람이 없는 게 정상이다
공짜 위로를 구하지 마라

"그래. 너라면 잘할 수 있을 거야! 한번 도전해 봐!"

평소에 이런 말을 듣는 사람이 몇이나 될까? 100명 중 1명이 될까 말까. 인생을 잘못 살아서가 아니다. 대부분 말리는 것이 투자다. 본인도 성공하지 못한 투자를 누구에게 추천할 수 있겠는가!

"헛고생하지 말고 회사나 잘 다녀라.", "돈만 날리고 배우는 것도 없다.", "그렇게 쉽게 벌 것 같으면 다들 부자 됐을 거다.", "대폭락이 온다는데 무슨 부동산 투자냐!" 이렇게 혀를 끌끌 차는 말을 들으면 기운이 쪽 빠진다. 차라리 귀를 닫고 자신의 목표에 집중하면 좋으련만, 홀로 시작하는 것이 한없이 두렵기만 하다.

이때가 조심해야 할 때이다. 초기에 사기꾼에게 걸릴 가능성이 가장 높다. 그들이 짜놓은 시나리오는 대충 이러하다.

주변에 도와줄 사람도 응원해 줄 사람도 없는 초보 투자자는 슬슬 SNS를 기웃거리기 시작한다. 때마침 운명처럼 조력자가 나타난다. 책도 쓰고 얼굴도 알려진 인플루언서가 조만간 오프라인 강의를 한다는 공고를 발견한다. 강연장에서 만난 인플루언서는 제법 선량해 보인다. 그의 성공 스토리는 드라마 같다. 몇 마디 말을 나누어보니 그는 친절하기까지 하다. 그를 지렛대 삼아 나도 성공할 수 있을 것 같다. 물론 그도 처음부터 투자를 권유하진 않는다.

"처음에는 돈보다 경험에 목적을 둬야 합니다. 그렇다고 예상 수익이 낮은 건 아니지만, 침착하게 준비하세요. 저만 따라오시면 크게 어려운 일은 아닙니다."

지식을 알려주지만 디테일이 떨어진다. 경험은 공유하지만 진짜 현장 느낌은 잘 나지 않는다. 하지만 초보 투자자는 알아차리지 못한다. 중요한 부분에서 그는 "나만 믿으면 괜찮다."고 반복한다. 그를 따라 다녔던 추종자들이 지금 얼마나 큰 부자가 됐는지 수시로 어필한다.

인플루언서 강사가 소개한 매물 중 상당수는 신축 빌라이다. "서민들의 주거 사다리로 빌라가 각광받던 시절이 있었어요. 그런데 요즘 어떻습니까? 전세 사기다 뭐다 말이 많아서 다들 빌라를 꺼려요. 그래서 아무도 빌라를 안 짓습니다. 그러니까 어때요? 정부에서 규제를 많이 풀어주고 있어요. 지어라! 시장은 돌고 돕니다. 다시 빌라가 각광받게 돼있어요. 지금이 기회입니다."

듣고 보니 틀린 말 같지 않다. 책에서도 다들 가지 않는 그 길에 수익이 있다고 하지 않았나. 사람들이 망설일 때 진짜는 돈을 번다고 한다. 그러나 그간 보아온 뉴스들을 생각하면 선뜻 마음이 가지 않는다. 인플루언서 강사는 좋은 매물은 빨리 빠진다고 서두르는 게 좋다고 은근히 압력을 넣는다. 적은 종잣돈으로 기회를 잡고 싶은데. 마음이 이미 반쯤은 넘어가 버렸다.

어떤가? 그들이 짜놓은 시나리오에서 과감히 빠져나올 수 있을까? 거미줄 같이 달라붙은 그들에게서 벗어나기가 쉽지 않다. 정신을 바짝 차리는 것은 물론 욕심을 내려놓아야 한다.

・

기회는 친절을 타고 오지 않는다
사기의 위험에서 벗어나는 법

투자 시장에서 친절은 좋은 신호가 아니다. 경험상 투자자에게 도움을 줄 수 있는 사람은 그다지 친절하지 않다. 자본주의 사회에서 자기에게 이익이 안 되는데 친절을 베풀 사람은 흔치 않다. 그러니 이유 없는 친절은 경계해야 한다.

기회는 친절을 타고 오지 않는다. 투자 시장에서 친절은 상대의 이익보다 자신의 이익이 클 때 자연스럽게 나온다. 포커페이스로 감추려 해도 잘 되지 않는 인간의 본성이다. 내게 확실한 이익을 가져오는 거래인지 점검이 필요하다.

나는 친절을 통해 많은 실패를 경험했다. 정상적인 거래에서는 상대의 친절을 기대하기 어렵다. 부동산 중개인, 은행의 대출 담당 직원, 매도인이나 매수인, 전세나 월세입자 등 이들은 굳이 내게 친절할 이유가 없다. 각자의 업무만 잘하면 된다. 그게 나를 도와주는 일이다.

대한민국에서 이루어진 고소 사건 중 부동의 1위는 사기다. 수사 중인 사건 1위도 사기다. 2024년 기준 사기 범죄는 42만 1,421건으로 인구 10만 명당 826건, 1,000명당 8명은 사기를 당한다는 말이다. 하루 동안 1,150여 건의 사기 사건이 발생하고 있다.

투자를 말리는 상당수의 사람들이 걱정하는 것도 바로 이 지점이다. 이를 알면 최소한의 위험 요소는 제거할 수 있다. 사기꾼들은 자신을 선한 사람으로 위장하고 모든 사람에게 친절하다.

또 하나, 대부분의 사기꾼들이 제공하는 정보는 100% 거짓이 아니다. 100% 거짓이라면 누구나 그것이 사기라는 것을 눈치챘을 것이다. 사기꾼은 80~90%의 진실에, 잘못된 정보와 과장 10~20%를 섞어서 이야기한다. 피해자는 80~90%의 진실을 믿고 나머지도 '그럴 것'이라고 믿어버린다. 그러다 어영부영 투자금을 넘기게 된다.

판단을 하지 못할 때는 기회를 유보하거나 바닥까지 사실관계를 점검해야 한다. 실패할 경우 뒷감당을 하는 것도 자신이라는 것을 생각한다면 그래야만 한다. 5,000만 원의 수익을 얻고 싶어서 한 선택이라면, 5,000만 원을 잃을 수도 있다는 것을 염두에 두어야 한다. 이것은 투자의 공평한 룰이다.

기회를 잃는 것이 두렵다면 상대가 제공한 정보가 100% 사실인지 하나하나 점검해 본다. 시장 분석부터 정부 정책, 주변 시세, 명의 관계 등 확인해야 할 것들이 많지만 직접 해봐야 한다. 모든 것이 맞아떨어져야 스스로도 결정할 명분을 가질 수 있다.

투자의 세계에서 친절을 기대하지 마라. 자신에게 없던 운이 갑자기 생길 것이라는 기대도 버려라. 기회는 친절을 타고 오지 않는다. 이것만 기억해도 사기의 위험은 피할 수 있다.

7

---◆---

섣불리
투자 수익으로
월급을 대체하려
들지 마라

사람들이 오해하는 게 있다. 내가 월급쟁이의 삶을 가볍게 여기거나 폄하한다고 생각한다. 물론 전혀 아니다. 하루하루를 살아내는 것만으로도 월급쟁이가 얼마나 대단한지 안다. 여러 차례 말했듯이 나는 월급쟁이가 싫어서 회사를 나온 것이 아니다. 더 이상 할 수가 없어서 내 발로 걸어 나온 것이다. 내가 견딜 수 있었다면, 나도 월급쟁이의 안정적인 삶을 살아냈을 것이다.

역으로 전업 투자를 꿈꾸는 사람들이 많다. 출퇴근 시간에 쫓기지 않아도 되고, 상사의 귀찮은 지시를 듣지 않아도 되고, 가기 싫은 회식 자리에 끌려 다니지 않아도 되고, 삶의 모든 스케줄을 회사에 맞추지 않아도 된다. 사실 전업 투자자가 되면 그러하다. 그러나 단점도 있다. 회사 밖에서는 월급쟁이가 당연히 누리는 것을 누릴 수 없다.

일단 월급이 가장 아쉽다. 월급이 주는 안정망은 상상을 초월한다. 주말에 쉬어도, 쉬는 날이 아무리 많아도 월급이 나온다. 출산 휴가, 육아 휴직 중에도 월급이 나온다. 아파서 쉬어도 돌아갈 곳이 있다는 것은 안정감을 준다.

월급쟁이의 명함은 나를 증명해 준다. 내가 명함을 건네는 순간, 나도 이 사회의 온전한 구성원으로 잘 살아가는 사람이라는 것을 상대도 안다. 직급이 있으면 나는 과장님, 부장님, 상무

님이라는 호칭으로 불린다. 또 눈을 뜨는 즉시 하루의 스케줄을 쉽게 잡을 수 있다. 1년, 한 달, 한 주, 하루 단위로 내가 할 일들이 정해져 있다. 그것만 좇아 최선을 다하면 된다.

나의 개인사에 나서주는 동료들도 있다. 월급쟁이는 회사와 거래처의 인간관계만으로도 예식장과 장례식장의 복도를 채울 수 있다. 행사장에 즐비한 화환들은 내가 얼마나 중요한 사람인지를 보여주는 증거다.

개인적으로 직장생활을 끝내고 가장 억울했던 것은 마이너스 통장 개설이 안 되는 것이었다. 재직증명서를 낼 수 없으면 마이너스 통장을 개설할 수 없다. 집에서 살림하는 가정주부도 300만 원을 낼 수 있다는데, 회사를 그만둔 백수는 개설 자체가 거부된다. 월급쟁이의 장점은 이 밖에도 정말 많다.

전업 투자는 나처럼 회사를 견딜 수 없는 사람에게 가능한 선택이다. 월급쟁이 생활을 견딜 수 없다면 사실 방법이 없다. 백수가 될 수는 없으니 일을 해야 한다. **투자도 사업과 같다. 온 시간과 에너지를 쏟아서 성공할 수 있는 영역이다.** 그러나 선불리 선택하지 않기를 바란다. 월급쟁이로서 누릴 수 있는 것, 활용할 수 있는 레버리지를 최대한 활용해야 한다.

내가 월급쟁이로서 해보지 못한 것 중 하나는, 잘하는 일을 찾아서 꾸준히 연마하는 것이다. 그것이 투자자가 되어서야 작은 미련으로 남았다. 아주 뒤늦게 '내가 무엇이 될 수 있었을까?'를 고민해 본 적이 있다. 고작 30대 초반이던 그때도 '조금만 더 일찍 이 고민을 해봤더라면'이라고 후회했다.

다행인 것은 전업 투자자는 나이가 들어도 할 수 있다는 것이다. 오히려 나이가 들수록 유리한 면이 많다. 20대에게 1년은 긴 시간이지만 50대에게 1년은 짧은 시간이다. 봄, 여름, 가을, 겨울이 금방 지나간다는 것을 알기에 열매가 맺힐 때까지 느긋하게 기다릴 줄 안다.

그러니 월급쟁이로 살아가고 있다면 현재 자신이 누릴 수 있는 가능성을 충분히 누려라. 그것만이 월급쟁이가 회사를 레버리지할 수 있는 최선의 방법이다.

똑똑할수록 월급의 달콤함을 잘 안다 그래서 성공한다

투자를 시작하고 수익이 생기면 "이 돈이면 몇 달 치 월급이다." 혹은 "이 돈이면 내 연봉이네."라는 말이 절로 나온다. 속으로 셈을 해본다. '회사를 그만두고 이런 걸 1년에 몇 건만 하면….' 희망 회로가 막 돌아가기 시작하는 이때를 조심해야 한다.

똑똑한 사람은 회사를 잘 활용한다. 그래서 섣불리 그만두지 않는다. 월급이 주는 안정감을 최대한 활용한다. 또한 월급을 대체할 수 있는 것을 빠르게 만들어간다.

부동산 강사들의 주 수입원은 강사료다. 그들은 강의를 할 만큼 투자 경험이 많고 현장에 대해서도 잘 안다. 그런데 왜 그들이 투자를 안 하고 강의를 할까? 투자가 주는 수입은 강사료에 비할 바가 아니다. 그런데도 강의를 통해 새로운 수입원을 만들어놓는다. 월급이 주는 안정감을 잃고 싶지 않아서이다.

유명 부동산 강사 중에는 학벌, 경력이 뛰어난 사람들이 많다. 억대 연봉을 받으며 생계 걱정을 하지 않아도 되던 이들이었다. 그들이 어떤 이유에서든 부동산 투자를 시작했을 때 그들은 '똑똑하고 현명한 방법'을 선택했다. 일반적인 과정은 대략 이렇다.

먼저 월급을 모아서 종잣돈을 만든다. 그 사이 부동산 공부를 하고 임장을 다닌다. 다양한 곳을 다니면서 비슷한 가격대의 물건 리스트를 만든다. 확신이 생기면 투자를 시작한다. 최대한 자금을 덜 들이기 위해 레버리지를 적극적으로 활용한다. 투자처를 늘리면서 수익이 만들어지는 시스템을 만든다. 매수와 매도를 몇 번 반복해서 스킬을 익히고, 안정적 수익이 만들어지는가를 확인한다. 이쯤 되면 부동산 전문가라고 할 만큼 실력이 수준급이다. 유튜브와 인스타그램 등 SNS를 활용해 이를 공개적으로 알리고, 인플루언서가 되어 지명도를 올리기 시작한다. 강의가 들어오면 적극적으로 준비해 완성도 높은 강의를 시연한다. 부동산 전문 강사로서 커리어를 쌓는다. 유튜브 채널에 강의를 개설해서 안정적인 수입원을 만든다. 투자와 강의에서 얻는 수익으로 경제적 자유를 완성한다.

이들이 회사에 사표를 낼 때는 인플루언서로서 지명도가 높아갈 즈음이다. 이름이 공개되기 때문에 회사에서 계속 자리를 지키고 있기가 쉽지 않다. 바로 유종의 미를 거둘 때다. 그러나 그 이전에는 절대로 회사를 나오지 않는다. 아무리 눈치를 줘도 꿋꿋하게 버틴다. 월급의 달콤함을 알기 때문에 충동적으로 사표를 내는 일은 없다.

투자를 시작하기 전
고정 수입을 늘리는 데 주력하라

왜 그토록 똑똑하고 능력 있는 사람들조차 월급을 놓지 않으려고 할까? 투자에 온 에너지를 집중하면서도, 자신의 몸값과 고정 수익을 올려가는 것이 최선이라는 것을 알고 있기 때문이다.

첫째, 월급은 변수를 감당할 수 있는 경제적 심리적 안전망이다. 아무리 열심히 공부하고 현장에 다녀도 감당할 수 없는 돌발 변수는 늘 존재한다. 전쟁, 금리 인상, 코로나 사태 같은 것들을 누가 예상할 수 있나? 이런 사건들이 터지면 부동산 가격은 크게 요동친다. 폭락이 현실화되면 투자자는 몸으로 파고를 견뎌야 한다.

초보 투자자일수록 레버리지에 대한 안전망이 약하다. 일반적인 월급쟁이가 월급으로 아이를 키우고 생활한다면, 1년에 모을 수 있는 돈은 얼마 되지 않는다. 그래서 소액으로 투자한다. 레버리지 없이 투자가 불가능하다. 그런데 갑자기 금리가 오르면 이자가 2~3배로 뛴다. 월급이라는 안정적 고정 수입이 없다면 생활이 파탄날 수도 있다.

둘째, 투자자는 목돈을 모아두지 않는다. 이건 투자자의 고질병이다. 전세금을 올려 받거나 매도를 해서 수중에 몇 천만 원이 생기면 이걸로 또 다른 물건을 산다. 월급쟁이들은 "몇 천만 원이면 몇 년치 생활비니까 편하게 지낼 수 있지 않아요?"라고 하지만, 투자자의 피는 그들보다 뜨겁다. '이 돈을 어디다 굴릴까?' 고민하고 투자를 실행한다. 그래서 투자자는 늘 돈이 없다.

결과적으로 투자자도 월급이 있어야 생활을 안정적으로 끌고 갈 수 있다. 전업 투자자가 투자금으로 생활비를 감당하다 보면 멘탈이 흔들리게 된다. 사야 할 것을 사지 못하고, 팔지 말아야 할 것을 팔게 된다.

투자금을 마련하기 위해 아르바이트를 하는 지인들도 많다. 월급을 포함한 고정 수입이 늘어나면, 그에 비례해 사용할 수 있는 레버리지도 늘어난다. 주말 배달 알바로 한 달에 80만 원을 더 만들어서 저축액을 연간 1,000만 원으로 맞추면, 대출 한도는 몇 천만 원 올라간다. 이렇게 투자금을 키우면 소액 투자자의 '소액' 딱지도 금방 뗄 수 있다.

시간을 팔지 않아도 될 때
월급쟁이도 사표를 쓸 수 있다

월급을 안 받겠다고 결정하는 순간은, 월급에 상응하는 고정 수입이 만들어졌을 때다. 그것도 1~2년 단기가 아니라 월급을 받을 수 있는 기간만큼 고정 수입이 확정됐을 때여야 한다.

20년 가까이 투자한 끝에 전업 투자자가 된 지인은 투자를 시작하고 10년 동안 월급쟁이로 살았다. 그는 주말에 임장을 다니고, 월차와 반차를 이용해 계약서를 쓰러 다녔다. 초기 1~2년은 수익이 생겨도 힘들었다고 한다. 벌어들이는 돈은 일체 생활비로 쓸 수 없었다. 투자금을 모으기도 빠듯했다. 3·4년 후에 상황은 나아졌지만 수익을 생활비로 쓰진 않았다. 생활에 여유를 주는 순간, 이전까지 모아놓은 것들이 와르르 무너질 것 같은 불안감에 루틴을 그대로 반복했다. 그러다 5년 차가 되면서부터 허리띠를 아주 조금 풀 수 있게 됐다. 이렇게 전투적인 생활을 10년간 이어간 끝에 전업 투자자로 완벽히 방향을 틀 수 있었다.

그는 전업 투자자가 된 후에도 집에만 있지 않았다. 유튜브 채널도 만들고 작지만 사무실도 만들었다. 운동도 빼놓지 않았다. 그도 "루틴을 지켜가는 것이 가장 중요하다."고 말했다.

돈을 버는 방법에는 크게 두 가지가 있다. 시간을 파는 것과 그렇지 않은 것.

월급쟁이들은 시간을 일정한 값에 파는 사람이다. 자영업자들도 대부분 그러하다. 전문직 종사자는 자신의 시간을 비싸게 파는 사람들이다. 월급쟁이보다 낫지만 자신의 시간을 팔아야 하는 것은 같다. 기업인은 타인의 시간을 파는 사람이다. 이렇게 셋은 시간(노동)이 24시간으로 제한된다는 한계를 벗어날 수 없다. 마지막은 투자자다. 투자자는 시간을 팔지 않는다. 기업과 자신이 가진 자본을 이용해 수익을 만들어낸다. 시간 제한이 없기 때문에 기하급수적 수익 창출이 가능하다. 그러나 하이 리턴에는 하이 리스크가 따른다.

퇴사는 현재 받고 있는 연봉만큼 묶어둘 수 있는 자금(투자에 사용하지 않아도 되는 돈)이 마련되고, 현재 월급만큼의 고정 수입이 만들어질 때(이자, 배당금, 월세와 같은 고정 수입이면 가장 좋다) 고민해도 전혀 늦지 않다. 그전에는 '을'이 아니라 '병' 혹은 '정'의 삶일지라도 최선을 다해 회사에서 살아남아야 한다.

8

어설픈
자유는
지옥이다

나는 죽을 때까지 남들 밑에서 노예처럼 살고 싶지 않아서 투자를 시작했다. 고작 천 원, 이천 원에 목을 매고 싶지도 않았다. 넉넉하지는 않더라도 쓸 때 쓰고, 가족들과 편안한 환경을 누리며 살고 싶었다. 단지 그 정도 욕심이었다.

그래서 애초부터 부자가 되면 다른 삶이 펼쳐질 거라는 환상 따위는 없었다. 부자가 나와 다른 족속이라고 생각하지도 않았다. 나와 다른 족속의 부자라면 나와 다른 세상에 살 테니 신경 쓸 일이 없기는 마찬가지였다. 목표한 돈을 다 모은 뒤에는 깔끔하게 투자를 그만두어도 괜찮다고 생각했다. 그러나 그건 나의 착각이었다.

예상했던 것보다 빠른 시간 안에 돈을 많이 벌었다. 사고 싶었던 차를 사고, 남들 눈치 보지 않고 누릴 수 있는 것들을 누렸다. 그러자 두 가지 생각이 들었다.

먼저 '에이, 별거 아니네.'라는 생각. 죽기 전에 절대로 타보지 못할 것 같았던 고급 스포츠카를 몰고, 가족들과 호텔에서 비싼 식사를 하고, 몇 달 치 월급을 모아야 할 수 있는 여행을 갔다. 하지만 신나고 즐거운 감흥은 오래가지 않았다. 솔직히 돈을 쓰는 일은 돈을 버는 것만큼 재미있지 않았다. 돈을 버는 쾌감이 훨씬 더 컸다.

그다음으로 떠오른 생각은 '예상보다 훨씬 더 많은 돈이 든다.'는 점이었다. 돈을 벌면 생활수준이 올라간다. 절약 자체가 불가능해진다. 백화점의 고급 상품에 눈이 돌아간다. 소비가 늘어나는 것은 당연한 일과가 된다.

나의 경우, 돈을 써보자고 마음을 먹었던 터라 정말 돈이 술술 나갔다. 은행 잔고가 팍팍 줄었다. 간이 작아서 최고 사치까지는 누리지 못했지만, 내가 쓰던 브랜드에서 약간만 상위 브랜드로만 올려도 돈 단위가 달라졌다. 생활비가 2~3배가 아니라 10배는 더 들겠다 싶었다. 나는 지금까지 벌어놓은 돈으로는 부자의 삶을 유지하기 어렵다는 결론을 내렸다. 결론은 덜 쓰거나 더 많이 벌어야 했다.

누구나 인정할 만한 부(富), 그러나 누구나 이룰 법한 부는 어설픈 자유와 같았다. 한번 맛을 보았기 때문에 이전으로는 절대로 돌아갈 수 없었다. 그러나 그 정도로는 완전한 자유를 얻었다 할 수도 없다. 투자자는 안주할 것이냐, 계속 나갈 것이냐 결정해야 한다.

나는 완전한 자유를 원했다. 소비로 인한 걱정을 아예 하지 않고 사는 삶, 내 시간을 온전히 나를 위해 쓰는 삶, 타인과의 관계를 완전히 무시하고 살 수 있는 삶. 그렇게 살려면 투자를 계속해야 했다. 그래서 투자를 멈출 수가 없었다.

●
남이 하면 딴짓 내가 하면 모험?
로또의 저주가 시작됐다

'로또의 저주'는 투자자에게 찾아오는 불행 중 하나다. 로또 1등의 당첨 확률은 대략 800만분의 1이라고 한다. 서울 하늘에서 돈을 던졌을 때 맞을 확률과 비슷하다. 그 어려운 확률을 뚫고 로또에 당첨되면 어떻게 될까?

2019년, 취리히 대학교 연구진이 로또에 당첨된 617가구를 분석했다. 당첨 이후 삶의 전반적 만족도는 올라갔다. 당첨금이 많을수록 긍정적 효과도 컸다. 2020년, 뉴욕 대학교에서 스웨덴 복권 당첨자를 대상으로 심리 조사를 한 결과도 크게 다르지 않았다.

그러나 로또의 저주를 받은 이들도 있다. 돈과 함께 불행이 시작되는 경우도 흔하다. 70대 노모가 40억짜리 로또에 당첨된 아들이 자신을 부양하지 않는다며 1인 시위를 한 적이 있었다.

'돈에 눈이 먼 패륜아'라는 댓글이 달렸지만 사실은 달랐다. 아들은 어머니와 살 집을 사둔 상태였다. 여동생들이 당첨금을 나눠달라며 갖은 협박과 무단침입까지 하기도 했다. 로또 1등에 당첨돼 242억 원(실수령액 189억 원)에 당첨됐던 한 남성은 주식, 부동산, 투자 등에 손을 댔다가 5년 만에 모두 잃었다. 빚을 지고 사기를 치다가 뉴스에까지 등장했다. 이렇듯 로또의 저주는 당첨금을 흥청망청 탕진하는 것, 거액의 당첨금 때문에 주변인들과 원수지간이 되는 것, 몸과 마음이 망가지는 것을 말한다.

투자에서도 로또의 저주와 비슷한 상황이 자주 벌어진다. 군기가 아직 꽉 잡혀 있는 초보 투자자의 경우는 오히려 낫다. 주변에서 투자 잘못해서 패가망신한 경우도 봐왔을 것이다. 마음을 잘 다스리며 투자금을 허투루 쓰지 않는다.

저주가 시작되는 것은 2~3번 투자가 성공해 투자금이 커질 때이다. 매너리즘도 찾아오고 성공에 대한 감흥도 둔해진다. 새로운 쾌감을 찾아 소위 말하는 '딴짓'을 하게 된다. **일반적으로 사람들은 남이 하는 것은 딴짓이지만 자신이 하는 것은 도전이고 모험이라 생각한다. 그렇게 망조의 길로 접어든다.**

나는 '사업'이 하고 싶었다. 애초에 투자를 선택했던 것도 마땅한 사업 아이템을 찾지 못했기 때문이었다. 수중에 돈이 들어오니 눈을 씻고도 찾지 못했던 사업 아이템이 여기저기서 굴러 들어왔다. 지인을 통해 실리콘밸리에 있는 스타트업을 소개 받고 그토록 하고 싶던 사업에 도전했다. 결과는? 예상한 그대로다. 부동산 시장은 망해 가는데 투자했던 사업도 바닥을 기기 시작했다. 이중고에 시달리던 내게는 더 깊은 바닥이 기다리고 있었다.

실패를 복기하라
손실도 내 능력의 결과물이다

'그때 멈추고 다 팔았더라면', '다른 데 한눈 팔지 않았더라면' 후회가 파도처럼 밀려왔다. 어떤 날은 괜찮았다. 파도가 없으면 바다는 얼마나 심심할까 싶기도 했다. 그러나 또 어떤 날은 폭풍우를 동반한 거센 파도가 나를 집어삼켰다. 쓰리고 아파서 그냥 죽고만 싶었다.

한동안 고통의 바다를 헤엄치다가 다시 뭍으로 나왔다. 기록들을 다시 훑어보았다. 15년 전부터 꼼꼼하게 써왔던 투자 일지. 어떤 날은 투자를 할 이유가 너무나 명확했고, 어떤 날은 잘못된 결정을 내려 후회했다. 그 과정 끝에 내가 있었다. 나는 다시 투자 일지를 쓰기 시작했다.

'무엇이 잘못됐지? 솔직히 아무것도 예상하지 못한 것은 내 탓이 아니지 않나? 테러로 인해 전쟁이 터질지, 금리가 수십 배 오를지, 전쟁이 터질지. 그게 무슨 잘못이야? 나는 그저 투자를 했고 그 끝이 좋지 않았을 뿐이다.'

변명을 쓰고 나니, 이전의 성공을 복기할 여유가 생겼다.

'정책을 분석했고, 그 정책이 시장에 어떤 영향을 미칠지 계산했다. 수요와 공급의 미스 매칭이 시장에 어떤 효과를 불러올지 상상했고 이를 증명하고자 현장을 뛰었다. 이를 기초로 상승장이 시작될 것을 예상했고, 물리적으로도 체력적으로 무리라고 할 만큼 많은 투자처를 찾고 투자를 했다. 모든 합이 맞아떨어져 상승장에 큰 수익을 거둘 수 있었다.'

다시 보니 낯부끄러운 이야기였다. 나는 성공에 취해있었다. 성공의 맛은 너무도 자극적이고 다채로웠다. 나는 내가 무엇이든 이룰 수 있는 사람이라고 착각했다. 그리고 오만했다. 욕망이 나를 휘감아 사소한 정보들을 놓치게 하는 것을 눈치채지 못했다. 하나의 사건이 부동산 시장 전반에 영향을 미칠 수 있다는 것을 잊어버렸다. 지금까지 맞혔으니 계속 맞힐 수 있는 줄 알았다. 그래서 시장에게 어퍼컷을 맞은 것이다.

수익이 나의 능력이듯 손실도 나의 능력이다. 목표지점에는 도착했으나 기대에는 미치지 못했다. 스스로에게 실패할 기회를 주라고 목소리를 높이면서도, 실패를 반성하는 겸손함은 갖추지 못했다.

목표 달성 후에도 시간은 흐른다
반드시 다음 스텝을 준비하라

투자로 돈을 잃으면 대부분 본업으로 돌아간다. 반대로 돈을 벌면 다른 삶으로 나아갈 꿈을 꾼다. 거기서 '정체성의 변화'가 시작된다.

나는 돈을 버는 과정을 철저히 준비했다. 루틴을 정하고 트랙을 뛰었다. 그러나 돈을 벌고 난 이후에 대해서는 생각해 두지 못했다. 그것이 성공과 실패를 경험한 내가 '성숙'이 아닌 '혼란'을 맞닥트리게 된 이유였다. 목표에 다다랐을 때 무기력해지고, 길을 잃고, 갈피를 잡지 못하는 경험을 했다. 그게 싫어서 더 오만해지는 결정을 하기도 했다.

투자자는 목표에 다다르기 전에 목표 너머 삶을 준비해 두어야 한다. '은퇴'는 준비 없이 맞이한 이에게는 재앙이지만, 스스로 선택한 이들에게는 선물 같은 것이다. 만일 내가 욕심이 덜한 사람이었다면, 열심히 투자해서 목표치에 이르렀을 때 과감히 은퇴를 선택할 수도 있었을 것이다. 죄책감 없이 일상을 누리며 사는 삶이 가끔은 부럽기도 하다.

그러나 나는 투자를 계속하기로 했다. 아주 뒤늦게 목표치를 올리거나, 투자를 통해 자아실현을 시도하는 것도 고민했다. 그런 결정을 하게 된 이유 중 하나는 목표액이 현실의 필요보다 적다는 것을 알게 돼서다. 목표액을 21억으로 잡았을 때는 그 정도면 충분하다고 생각했었다. 그러나 살아보니 남들은 백수라고 오인하는 투자자에게도 더 많은 돈이 필요하다는 것을 알게 됐다.

실전은 이런 것이었다. 결혼하고 아이가 생기니 생활비가 2배로 늘었다. 집을 더 넓혀야 했다. 고작 어린이집에 아이를 보내면서도 교육비가 장난이 아니라는 사실을 실감했다. 됐다. 나이든 어머니를 보면서 노인이 되면 생활비가 줄어들 거라는 예상도 잘못된 예측이란 걸 알게 됐다. 용인에 있는 한 실버타운의 보증금은 10억 원이나 한다. 평균적으로 노인의 한 달 최소 생활비는 250만 원, 적정 생활비는 370만 원이 든단다. 돈이 더 필요하다는 것은 확실한 사실이었다.

나는 다음 스텝으로 투자의 방향을 고민하고 사업으로 수익을 만드는 법을 고민하기 시작했다. '끝에 완전히 다다르기 전에 무엇을 할지 다음 스텝을 고민해 두었다면 더 좋았을 텐데.'라는 아쉬움이 느껴졌다. 좀 더 일찍 결정했더라면 로또의 저주를 맞이하거나, 성공의 맛에 취해 실패가 예정된 결정을 하는 일도 없었을 것이다.

시작할 때는 먼 길 같지만, 가다 보면 목표에 다다르는 날이 온다. 반드시 다음 스텝을 준비하라. 누리고 싶은 부자의 삶이 무엇인지, 은퇴할 건지 투자를 계속할 것인지, 아니면 사업을 시작할 것인지 고민하라. 계획된 미래가 없는 사람은 꿈이 없는 사람이다. 꿈이 없는 사람은 아무리 부자라고 해도 행복할 수 없다.

에필로그

힘든 시간은
이미 다 지나갔다

 가끔 자식들과 함께 상담을 오는 어르신들이 있다. 그들은 정신 못 차리는 자식에게 따끔하게 한마디 충고해 달라고 부탁한다. 은둔형 외톨이처럼 방에 틀어박힌 자식을 보는 부모의 눈빛에는 안타까움과 연민이 가득하다.
 "뭘 제일 갖고 싶어?"
 부모의 눈에 모자란 자식이지만, 그들도 바보가 아니다. 누구보다 자신에 대해 잘 안다. 세상 사람들이 자기를 한심하게 보는 만큼 자기도 그렇다고 느낀다. 그렇다고 꿈도 희망도 없는 건 아니다. 사고 싶은 것도 있고, 보고 싶은 것도 있고, 되고 싶은 것도 있다.

"그걸 가지려면 어떻게 해야 할까?"

나는 내 이야기를 시작한다. 루저의 삶을 벗어날 것 같지 않았던 내가 어떻게 살아왔는지 솔직하게 전해준다.

지금까지 많은 청년들을 상담했지만, 단 한 번도 나보다 못한 이를 본 적이 없다. 대부분이 청년 시절의 나보다 날씬하고, 성적도 좋았다. 심지어 자신을 걱정하고 사랑하는 부모님도 있었다. 그들은 도리어 나를 안쓰럽게 쳐다보았다.

그들의 마음의 문을 조금 비집고 들어가면, 자신도 잘 살고 싶은데 여러 가지 상황이 좋지 않아서 이렇게 됐다고 말했다. 나도 알고 있다. 세상에 작정하고 나쁜 상황을 만드는 이는 없다. 좋지 않은 결과가 나왔을 뿐이다. 거기서 헤어나는 길을 아직 찾지 못했을 뿐이다.

"그렇지만 이미 힘든 시간은 다 지나갔어. 진짜야."

세상에 쉬운 인생을 사는 사람은 한 명도 없다. 그러니 외로워할 필요가 없다. 우리에게는 새로운 삶을 살 기회가 아직도 남아 있다. 오늘, 지금 결심을 하고 인생의 다른 항로를 선택한다면, 힘든 시간을 뒤로하고 앞으로 나아갈 수 있다.

2024년 여름은 긴 하락장을 마무리하고 상승장으로 가는 골목이었다. 나는 상승장이라기보다는 '회복장'이라는 표현을 쓴다. 시장은 이전으로 돌아가려는 동력이 강하지만, 아직은 달아오르지 않았다.

투자자인 내게 투자를 시작하기 좋은 때는 없었다. 늘 투자하지 않을 이유가 사방에 널려 있었다. 시장이 안 좋아서, 투자금이 모자라서, 내년에 결혼해야 해서, 싼 물건을 찾기 어려워서, 어머니가 반대해서 등 그 모든 것을 뚫고 공부를 통해 확신을 갖고 발품과 손품을 팔아서 물건을 찾고 리스크를 안고 투자를 실현했다.

인생을 바꾸는 것도 마찬가지다. 좋은 때란 없다. 좋은 상황도 없다. 어제 아팠다고 오늘은 안 아플까? 어제까지 없던 학위가, 돈이, 네트워크가, 사업 아이템이 오늘 갑자기 생길까? 그냥 오늘부터 바꾸기로 마음먹고, 어제와 다르게 살면 된다. 그렇게 첫발을 내딛는 것이다. 무엇을 하든 오늘이 가장 좋은 날이다. 그리고 어제까지가 가장 힘든 시간이었다. 이미 모든 것들은 다 지나갔다.

2024년에도 하락장으로 힘들었지만, 이전의 삶과 비교해 보면 투자에 온몸과 마음을 바치기로 결심하기까지가 내 인생에서 가장 암울한 시기였다.

투자가 아니어도 괜찮다. 변화를 시도하라. 앞으로 쭉 나아가라. 실패해도 끝까지 가라. 외롭고 힘든 시간을 견뎌보라. 힘든 시간을 뒤로한 당신이 마땅히 받아야 할 충실한 삶으로 나아가라.

나는 가슴이 뜨거운 사람도 열정적인 사람도 아니지만, 혹여 당신이 다른 삶을 살기로 결정했다면 힘차게 박수를 쳐줄 것이다. 당신의 도전을 응원한다, 진심으로.

돈이 자유다

2025년 8월 8일 초판 1쇄 발행
2025년 9월 3일 초판 2쇄 발행

지은이 | 얼음공장
펴낸이 | 이종춘
펴낸곳 | (주)첨단

주소 | 서울시 마포구 양화로 127 (서교동) 첨단빌딩 3층
전화 | 02-338-9151
팩스 | 02-338-9155
인터넷 홈페이지 | www.goldenowl.co.kr
출판등록 | 2000년 2월 15일 제2000-000035호

본부장 | 홍종훈
편집 | 문다해
교정 | 강현주
디자인 | 유어텍스트, 조수빈
전략마케팅 | 구본철, 차정욱, 오영일, 나진호, 강호묵
온라인 홍보마케팅 | 이지영
제작 | 김유석
경영지원 | 이금선, 최미숙

ISBN 978-89-6030-651-6 03320

- **BM** 황금부엉이는 (주)첨단의 단행본 출판 브랜드입니다.

- 값은 뒤표지에 있습니다. 잘못된 책은 구입하신 서점에서 바꾸어 드립니다.
- 이 책에 나오는 표현, 수식, 법령, 세법, 행정 절차, 예측 등은 오류가 있을 수 있습니다. 저자와 출판사는 책의 내용에 대한 민/형사상 책임을 지지 않습니다.
- 이 책은 신저작권법에 의거해 한국 내에서 보호를 받는 저작물이므로 무단 전재 및 복제를 금합니다.

> 황금부엉이에서 출간하고 싶은 원고가 있으신가요? 생각해보신 책의 제목(가제), 내용에 대한 소개, 간단한 자기소개, 연락처를 book@goldenowl.co.kr 메일로 보내주세요. 집필하신 원고가 있다면 원고의 일부 또는 전체를 함께 보내주시면 더욱 좋습니다. 책의 집필이 아닌 기획안을 제안해주셔도 좋습니다. 보내주신 분이 저 자신이라는 마음으로 정성을 다해 검토하겠습니다.